ACCÈS DIRECT

French at the workplace

ACCÈS DIRECT

French at the workplace

Mark Stroud

Hodder & Stoughton
A MEMBER OF THE HODDER HEADLINE GROUP

Photo acknowledgements
p. 40 Corbis, p. 130 Emma Lee, Life File.

Orders: please contact Bookpoint Ltd, 39 Milton Park, Abingdon, Oxon OX14
4TD. Telephone: (44) 01235 400414, Fax: (44) 01235 400454. Lines are open
from 9.00–6.00, Monday to Saturday, with a 24 hour message answering
service. Email address: order@bookpoint.co.uk.

British Library Cataloguing in Publication Data
A catalogue record for this title is available from The British Library

ISBN 0 340 74920 2

First published 2000

| Impression number | 10 | 9 | 8 | 7 | 6 | 5 | 4 | 3 | 2 | 1 |
| Year | 2005 | 2004 | 2003 | 2002 | 2001 | 2000 |

Typeset by Wearset, Boldon, Tyne and Wear.
Printed in Great Britain for Hodder & Stoughton Educational, a division of
Hodder Headline Plc, 338 Euston Road, London NW1 3BH by
J.W. Arrowsmith, Bristol.

Sommaire

Introduction

Aims and Objectives

Accès Direct presents a readily accessible introduction to French at the workplace for intermediate and advanced students wishing to extend their knowledge of the language as used in commerce and industry. Each of the ten dossiers is set in a professional situation and contains material based on business documentation and correspondence, along with two major dialogues.

The texts and dialogues are supported by a full vocabulary, explanatory notes, comprehension and grammatical exercises and a section based on the translation of business documentation and the composition of commercial correspondence. The dossier is completed by a free-standing student-centred assignment on an associated topic.

While there is a gradual progression in the complexity of the situations and language content, the dossiers may be selected to conform to any two-year modular programme. Students working through the ten situations will:

- study a wide range of commercial and industrial activities;
- become familiar with the associated vocabulary and expressions used in commerce and industry;
- practise aural/oral skills, reading comprehension, translation and letter-writing;
- build up their business initiative and presentation skills in the accompanying assignments.

Recordings and answers

Recordings of all the dialogues are available on cassette, accompanied by a booklet giving model answers for all written exercises and some of the oral exercises. No answers are provided for the open-ended assignments.

Expression of thanks

The author wishes to express his sincere thanks to Natalie Josset and Jacques Méraud who drafted many of the dialogues, to Cécile Picart who drafted much of the correspondence, to Nicholas Stroud for his help with the graphics and particularly to Béatrice Le Bihan who read the entire manuscript and made many invaluable suggestions on usage and the preparation of the exercises. The author also wishes to express his thanks to Shirley Baldwin at Hodder & Stoughton for her editorial support. Any errors or inaccuracies remain the responsibility of the author.

1 Etude de marché

Les distributeurs se trouvent confrontés à une demande toujours croissante de la part des consommateurs pour une gamme plus large de produits importés. Cependant, avant de signer un contrat pour des importations étrangères, ils doivent s'assurer que le marché existe pour le produit en question.

Pour ce faire, ils font appel aux services d'une agence de marketing qui, grâce à ses techniques spécialisées, sera en mesure d'effectuer une étude de marché sur un échantillon représentatif de la population en l'espace de quelques semaines.

LEXIQUE

une étude de marché	*market study, survey*
croissant(e)	*growing, increasing*
de la part de	*from, on the part of*
une gamme	*range (of products)*
s'assurer que	*to make sure that, check that*
faire appel à	*to call upon (services)*
grâce à	*thanks to, with the help of*
effectuer	*to carry out, conduct*
un échantillon	*sample*

REMARQUES

avant de signer (*before signing*): note the use of the infinitive after the preposition **de**

pour ce faire (lit. *in order this to do*): a rare example of **ce** used as a pronoun, here in a set phrase *in order to do this, for this purpose*

sera en mesure de: *will be in a position to, will be able to*

en l'espace de: note that **espace** can refer to time as well as to place, that is, *in the space of, within*

Galeries Normandes
produits importés

Biens de consommation courante (11.0%)
Produits de l'agriculture (4.0%)
Produits de l'agro-alimentaire (23.0%)
Biens intermédiaires (21.0%)
Biens d'équipements professionnels et ménagers (41.0%)

EXERCICE 1   Phrases-clés

Retrouvez ces phrases-clés dans le texte.

1 distributors

2 an ever-increasing demand

3 from consumers

4 a wider range

5 imported goods

6 before signing a contract

7 foreign imports

8 a marketing agency

9 specialized techniques

10 to conduct a market survey

11 a representative sample

12 within a few weeks

1.1 Commander une étude

Scénario

Importateur d'équipement électrique, Patrick Ferrar écrit à
Madame Joubert de l'Agence Clermont pour lui commander
une étude de marché sur un nouveau radio-réveil téléphone.

R a d i o - r é v e i l   t é l é p h o n e

BUREAU AUGUSTIN
27, Place Pasteur
38000 GRENOBLE

AGENCE CLERMONT
117, Cours de la Libération
31800 GRENOBLE CEDEX
Grenoble, le 26 octobre . . .

A l'attention de Madame Joubert

Madame,

Suite à notre conversation téléphonique du 3 courant, nous vous demandons de nous
réaliser une étude de marché sur un radio-réveil téléphone de fabrication allemande, dont
nous envisageons d'amorcer la commercialisation en France.

A cette fin, nous vous expédions la documentation technique du produit, qui sera vendu
à deux catégories de clients: l'hôtellerie et les particulers. Nous souhaiterons connaître:

– le marché français de ce produit, en volume
– les perspectives d'avenir (stabilité, progression, récession du marché)
– les concurrents
– les prix maxima et minima

Pourriez-vous nous établir un devis sur le montant de votre intervention.
Nous restons à votre disposition pour tous renseignements complémentaires.
Nous vous prions de croire, Madame, en l'assurance de nos salutations distinguées.

Le Directeur Commercial
Patrick FERRAR

Fiche technique

Le radio-réveil téléphone Jupiter

- Un maximum de services pour un minimum de place.
- Une radio GO/FM se coupant automatiquement lors d'un appel téléphonique.
- Réveil programmable: radio ou buzzer.
- Téléphone à numérotation décimale, sonnerie réglable, rappel du dernier numéro composé.
- L/H/P 28 × 5 × 10 cm.
- Fabrication allemande. Garantie 1 an.
- Prix de vente conseillé: 435 F.

LEXIQUE

commander	to order, commission
un radio-réveil téléphone	clock-radio and telephone
suite à	further to
du 3 courant	of the third of this month
réaliser une étude	to carry out a survey
un marché	market
la fabrication	manufacture
envisager de	to plan to (do sth.)
amorcer	to begin
la commercialisation	marketing (of a product)
à cette fin	to this end
expédier	to send, forward
une catégorie	class, group
l'hôtellerie (f.)	the hotel trade
un particulier	private individual
souhaiter	to wish, want
une perspective	prospect
un(e) concurrent(e)	(business) competitor

établir	to draft, draw up
un devis	estimate
un montant	total amount, cost
une intervention	operation, work
rester	to remain
à votre disposition	at your disposal
un renseignement	(piece of) information
une fiche technique	technical data sheet
GO/FM	LW/FM
se couper	to switch off, cut out
lors de	at the time of, during
à numérotation décimale	digital (telephone)
une sonnerie	ringing (sound)
réglable	adjustable
un rappel	recall, call back
composer	to dial (a telephone number)
le prix de vente	retail price
conseiller	to advise, recommend

REMARQUES

le 3 courant: shortened form of **le 3 du mois courant**

réaliser une étude (*to carry out a survey*): *to realise* is usually rendered in French by **se rendre compte de**

un particulier (*private individual*); often as opposed to a business or professional person

GO: grandes ondes (lit. *big waves*)

FM: an abbreviation, as in English *frequency modulation*

se couper (*to switch itself off*): also *to cut oneself*

L/H/P: longeur/hauteur/profondeur lit. *length/height/depth*

prix de vente conseillé: lit. *recommended sales price*

EXERCICE 2   Phrases-clés

Retrouvez ces phrases-clés dans le texte.

1 commissioning a survey

2 a telephone conversation

3 German-made

4 technical documentation

5 the hotel trade

6 private individuals

7 future prospects

8 competitors

9 to draw up an estimate

10 the sales manager

11 a technical data sheet

12 recommended retail price

EXERCICE 3   Entraînement oral

Répondez aux questions suivantes selon le modèle.

A *Quelles sont les dimensions de cet appareil?*

$28 \times 5 \times 10$

→ *Elles sont de 28 sur 5 sur 10 cm.*

- $16 \times 8 \times 15$
- $42 \times 11 \times 31$
- $36 \times 20 \times 28$
- $21 \times 14 \times 17$
- $18 \times 7 \times 12$
- $39 \times 16 \times 23$

B *Où cet article est-il fabriqué?*

Allemagne

→ *Il est de fabrication allemande.*

- Italie
- Portugal
- Maroc
- Suède
- Grèce
- Pologne
- Norvège
- Chine
- Japon
- Etats-Unis
- Suisse
- Pays-Bas

1.2 Préparer l'étude

Scénario

Patrick Ferrar a découvert aux Etats-Unis une machine qui
permet d'établir un programme d'entraînement pour tout usager.
Persuadé que cet appareil a un avenir assuré en France, il contacte
Nicole Joubert de l'Agence de marketing Clermont.

EXERCICE 4   Questions sur l'entretien

1 Pourquoi M. Ferrar commande-t-il une étude de marché?

2 Pense-t-il que cette machine se vendrait bien en France?

3 Quels sont les deux marchés envisagés?

4 Veut-il que l'étude de marché couvre toute la France?

5 Est-ce une affaire urgente?

6 Quels sont les deux objectifs qu'il espère atteindre à travers cette étude?

7 Quelle étude préliminaire Mme Joubert propose-t-elle de réaliser?

8 Comment l'étude de marché sera-t-elle réalisée?

9 Combien de temps faudra-t-il pour réaliser cette étude?

10 Quand M. Ferrar recevra-t-il le contrat?

LEXIQUE

un entraînement	*training*	**priver de**	*to deprive of, take from*
un usager	*user*	**faire coup double**	*to kill two birds with one stone*
un appareil	*(piece of) equipment*		
fournir	*to provide, supply*	**le jeu en vaut la chandelle**	*it's a worthwhile project*
la culture physique	*physical training, exercise*		
effectuer	*to carry out*	**un fabricant**	*manufacturer*
un métier	*trade, profession*	**un contrat d'agence**	*agency agreement*
croire dur comme fer à qch.	*to be absolutely convinced of sth.*	**dégager**	*to extract, identify*
		composer	*to draw up, work out*
exiger	*to demand, insist on*	**envisager de faire qch.**	*to think of, consider doing sth.*
un avis	*opinion, view*		
fleurir	*to flourish, spring up*	**interroger**	*to question, interview*
éviter	*to avoid*	**la rédaction**	*drafting, compiling*
forcément	*necessarily, inevitably*	**convenir à qn**	*to suit sb., be suitable for sb.*
poussé(e)	*thorough, exhaustive*		
s'adresser à	*to be aimed at, intended for*	**dernier délai**	*absolute deadline*
		par courrier	*by letter*
monsieur tout le monde	*the man in the street*	**tenir qn au courant de qch.**	*to keep sb. informed of sth.*
une échelle	*scale*		

Entretien à l'agence

NJ: Nicole Joubert, *directrice de l'Agence Clermont* **PF: Patrick Ferrar,** *importateur d'équipement électrique*

NJ Bonjour, Monsieur Ferrar. Asseyez-vous, je vous en prie. Comment s'est passé votre dernier voyage aux Etats-Unis?

PF Très bien, Madame Joubert, et comme je vous l'ai expliqué au téléphone, j'ai l'intention d'importer un appareil qui permet de fournir un programme de culture physique et d'exercices à effectuer. Comme on dit dans le métier, j'y crois dur comme fer. Mais je dois persuader mon partenaire et, pour être totalement convaincu, il exige une étude de marché.

NJ Et vous pensez que cette machine fabriquée en Amérique se vendrait en France?

PF A mon avis, les Français se sentent de plus en plus concernés par le sport, les clubs fleurissent partout. Mais les individus ne connaissent pas grand'chose aux questions d'exercice physique. Cette machine permet d'établir un programme personnalisé afin d'éviter des accidents, car en sport, ce qui est bon pour une personne ne l'est pas forcément pour une autre. Grâce à ses performances, cette machine est aussi idéale pour les athlètes de haut niveau qui ont besoin d'une analyse poussée de leur entraînement.

NJ Vous considérez donc qu'elle peut s'adresser à deux marchés différents?

PF Tout à fait – premièrement les particuliers, monsieur tout le monde, et ensuite les sportifs de compétition.

NJ Je comprends mieux vos objectifs à présent. Vous recherchez une étude à l'échelle nationale ou régionale?

PF Je pense qu'une étude à l'échelle régionale serait la meilleure solution. De plus, j'ai besoin des résultats le plus vite possible car une autre entreprise française voudrait me priver de ce contrat. Je dois donc faire coup double avec cette étude – prouver à mon partenaire que le jeu en vaut la chandelle, et convaincre le fabricant américain de me donner le contrat d'agence.

NJ Bon, je ne vois pas de problème. Je vais commencer par interviewer une dizaine de personnes, afin de dégager les thèmes principaux du questionnaire, puis de le composer et de le tester. J'envisage d'interroger un échantillon de 250 personnes sur Grenoble et la région Rhône-Alpes. Il y aura ensuite l'analyse des résultats et la rédaction du rapport. Voyons, nous sommes le 28 octobre, je vous présente le rapport, disons, le 25 novembre. Cela vous convient-il?

PF Oui, le 25 novembre, dernier délai. Pouvez-vous me confirmer tout cela par courrier?

NJ Mais oui, bien sûr, vous recevrez le contrat dans deux jours, et je vous tiendrai au courant de nos progrès.

PF C'est parfait. Eh bien, au revoir Madame, et merci.

REMARQUES

tout usager: the adjective **tout** is here used in the sense of *any, no matter which*

comme je vous l'ai expliqué (lit. *as I explained it to you*): **le**, unnecessary in English, is here invariable

fournir (*to supply, to provide*): *to furnish* is **meubler**

comme on dit: *as one says, as they say*

j'y crois dur comme fer: lit. *I believe in it hard as iron*

exiger: *to demand, require, insist on*

se vendrait: a reflexive verb, as the machine 'would sell itself'

de plus en plus: *more and more, increasingly*

fleurir (*to appear, to spring up*): also *to flower, bloom, blossom*

(ils) ne connaissent pas grand'chose (*they don't know much*); this use of **grand'chose**, an old form, is found only in the negative

ce qui est bon: *what is good*, lit. *that which is good*

une personne: a feminine noun which applies equally to men and women; cf. below **une autre** (*another man/woman*)

ne l'est pas: lit. *isn't it*, standing for *isn't good* or simply *isn't*

je comprends mieux: *I've got a clearer picture*, lit. *I understand better*

faire coup double: lit. *to make a double blow*

le jeu en vaut la chandelle: lit. *the game is worth the candle*

la région Rhône-Alpes: one of France's largest regions, situated in the south-east of the country; Grenoble is one of its most important towns

dernier délai (*final date, deadline*): distinguish between **un délai** (*period of time allowed*) and **un retard** (*delay*)

par courrier (*by post, by letter*): note also **par lettre** (*by letter*), **par écrit** (*in writing*)

dans deux jours (*in two days' time, within two days*): as opposed to **en deux jours** (*over a period of two days*)

EXERCICE 5   Entraînement grammatical

Traduisez en français les phrases suivantes selon le modèle.

A *comme je vous l'ai expliqué au téléphone*

- as I explained to them by letter
- as they explained to us during the meeting
- as she explained to me by fax
- as we explained to him on 21ˢᵗ April
- as you explained to her at the marketing agency
- as he explained to you last Monday

B *Ils ne connaissent pas grand'chose à ces questions.*

- He doesn't know much about clock radios.
- I don't know much about the hotel trade.
- We don't know much about technical data sheets.
- You don't know much about this market.
- She doesn't know much about the competitors.
- They don't know much about imported goods.

1.3 Marketing téléphonique

Scénario

L'Agence Clermont a décidé que le meilleur moyen de réaliser l'étude de marché demandée par Patrice Ferrar est le téléphone. Nicole Joubert téléphone donc, entre autres, à Muscle 2000, un centre de sports de Grenoble.

EXERCICE 6   Questions sur la conversation

1 Pourquoi Mme Joubert téléphone-t-elle à Muscle 2000?

2 L'employé du Centre est-il prêt à répondre à ses questions?

3 Combien d'appareils de musculation a-t-on achetés au Centre?

4 Achète-t-on tous les appareils réclamés par les clients?

5 Y a-t-il quelqu'un en permanence capable de conseiller les clients?

6 Serait-on prêt, au Centre, à investir dans la nouvelle machine?

7 Pourquoi cette machine intéresse-t-elle le Centre?

8 Selon l'employé, quelles qualités une telle machine devrait-elle posséder?

9 L'employé s'engage-t-il sur l'achat de cette machine?

10 Qu'est-ce qui met fin à cette conversation?

LEXIQUE

le meilleur moyen	*the best way*	**un poids**	*weight*
bref, brève	*brief, to the point*	**la taille**	*height (of person)*
un appareil de musculation	*weight-training machine*	**un ordinateur**	*computer*
		améliorer	*to improve*
un(e) adhérent(e)	*member (of club)*	**d'autant plus que**	*all the more so since*
réclamer	*to ask, call for*	**ne jurer que par**	*to swear by*
un(e) moniteur(-trice)	*(sports) instructor*	**l'informatique (f.)**	*computer science, technology*
être de service	*to be on duty*		
en permanence	*permanently, all the time*	**si c'est dans nos prix**	*if it's within our price range*
conseiller	*to advise, give advice to*		
s'occuper de qch.	*to deal with, take care of sth.*	**citer**	*to cite, quote*
		l'utilisation (f.)	*use*
une somme	*sum, amount (of money)*	**l'esthétique (f.)**	*aesthetic quality, attractiveness*
prêt(e) à faire qch.	*ready, prepared to do sth.*		
		le rapport qualité-prix	*the quality-price ratio*
un achat	*purchase*	**prévoir**	*to anticipate, expect*
vouloir dire	*to mean*	**un chiffre**	*figure, number*
les données (fpl.)	*data*	**augmenter**	*to increase*
un niveau	*level, standard*	**être désolé(e)**	*to be very sorry*

Conversation téléphonique

CS: *L'employé au Centre de Sports Muscle 2000*   **NJ: Nicole Joubert,** *directrice de l'Agence Clermont*

CS Allô, Centre de Sports Muscle 2000.

NJ Allô, bonjour, Monsieur. Ici Nicole Joubert de l'Agence Clermont. Je réalise une enquête sur les besoins en équipement dans les centres de sports. Pourrais-je vous poser quelques questions?

CS Bien sûr, mais essayez d'être brève, je suis seul au bureau et des clients arrivent tout le temps.

NJ Je comprends, Monsieur. Commençons tout de suite. Combien d'appareils de musculation avez-vous achetés ces deux dernières années?

CS Cinq, si je me souviens bien.

NJ Vos adhérents vous ont-ils récemment réclamé de nouveaux appareils?

CS Oui, mais si on écoutait certains clients, il faudrait toujours en acheter, et notre budget est limité.

NJ Avez-vous un moniteur de service en permanence, capable de conseiller les usagers sur les programmes les mieux adaptés pour eux?

CS Non, c'est-à-dire seulement le soir. Dans la journée, il n'y a que moi et je dois m'occuper de la réception.

NJ Quelle somme seriez-vous prêt à investir si vous achetiez un nouvel appareil?

CS C'est difficile à dire, dans les 9 000 – 10 000 francs, je pense.

NJ Seriez-vous prêt à envisager l'achat d'un appareil fabriqué aux Etats-Unis, permettant de fournir un programme précis d'entraînement?

CS Qu'est-ce que vous voulez dire, exactement?

NJ Eh bien, on y entre des données telles que le type de sport, le niveau pratiqué, le sexe, l'âge, le poids, la taille. Après une analyse de tout cela, l'ordinateur conseille un programme complet à effectuer afin d'améliorer les performances.

CS Alors, là, oui, sans aucun doute, d'autant plus que les gens ne jurent aujourd'hui que par l'informatique. Si c'est dans nos prix, bien sûr.

NJ Pourrais-je vous demander de citer cinq qualités que cette machine devrait avoir?

CS Euh . . . , simple d'utilisation, résultat rapide, programme adapté, esthétique, bon rapport qualité-prix.

NJ Votre club compte combien d'adhérents?

CS Deux cents personnes au premier septembre – nous prévoyons que ce chiffre augmentera en hiver.

NJ Seriez-vous intéressé par l'achat de cette machine?

CS Oui, bien sûr, mais il faudrait l'essayer avant de prendre une décision. Ecoutez, je suis désolé, Madame, mais j'ai des clients qui arrivent.

NJ Je vous remercie de votre coopération, Monsieur. Au revoir.

REMARQUES

combien d'appareils de musculation avez-vous achetés?: the agreement of the past participle is with **appareils**

ces deux dernières années: note the French word order, that is, *these two last years*

de nouveaux appareils: note the use of **de** before a plural adjective

les programmes les mieux adaptés: while the article **les** and the past participle **adaptés**, here used as an adjective, agree with **programmes**, the adverb **mieux** is invariable

il n'y a que moi: lit. *there is only me*

un appareil: a specific appliance or piece of equipment as opposed to **équipement** which means equipment in general

un nouvel appareil: note the form of the adjective **nouveau** before a masculine noun beginning with a vowel; a separate form is not required in the plural (see above) as the liaison can readily be made

qu'est-ce que vous voulez dire?: lit. *what do you want to say?*

telles que: the agreement may either be, as here, with the preceding noun **données**, or with the other term of the comparison

la taille (*height*): also *waist, size*

les gens (. . .) ne jurent que par: note the use of **ne . . . que**, meaning *only*, which is used in the French expression but not required in English

esthétique: (noun) *aesthetic quality, attractiveness,* here *attractive design, smart appearance*

bon rapport qualité-prix: *good value for money*

compter (*to have, number*): also *to count*

deux cents personnes: note that **cent** takes an **-s** only for round hundreds

---

EXERCICE 7 Entraînement grammatical

Traduisez en français les phrases suivantes selon le modèle.

A *Pourrais-je vous poser quelques questions?*

- Could she convince these manufacturers?
- Can he find us a few sports centres?
- Could you buy me this body-building machine?
- Can I examine a few models?
- Can they manufacture this clock radio for us?
- Could we send them a few technical data sheets?

B *Combien d'appareils avez-vous achetés?*

- How many cars has he sold?
- How many results have I analysed?
- How many questions have you asked?
- How many market surveys has she carried out?
- How many decisions have they taken?
- How many estimates have we received?

1.4 Premiers contacts

EXERCICE 8   Demande de renseignements

Traduisez en anglais le corps de la lettre ci-dessous.

GALERIES NORMANDES
47, rue du Commerce - 76000 ROUEN CEDEX

Rouen, le 16 janvier . . .

Monsieur le Directeur
LAMBOURN DESIGNS
City Trading Estate
Oxford OX43 5NF

Monsieur,

C'est dans une publicité du dernier Numéro Spécial de **L'Expansion** consacré au marché britannique que nous avons trouvé l'adresse de la société Lambourn Designs.

Etant donné l'engouement récent des Français pour les produits britanniques, nous envisageons de commander une étude de marché en Normandie sur les appareils électroménagers de fabrication anglaise.

Nous vous serions donc reconnaissants de bien vouloir nous faire parvenir votre nouveau catalogue présentant les derniers produits de votre maison ainsi qu'une documentation détaillée sur votre gamme de bouilloires.

Connaissant de réputation l'excellente qualité de vos produits, nous pensons vous passer une première commande pour 300 bouilloires ce qui semble correspondre à nos besoins pour la prochaine saison de printemps.

Nous vous prions aussi de nous rappeler vos tarifs actuels ainsi que vos conditions de livraison à l'étranger.

Veuillez agréer, Monsieur, l'expression de nos sentiments distingués.

La Directrice des Achats

Dominique LAURENT

LEXIQUE

une publicité	*advertisement*	**faire parvenir**	*to send, forward*
un numéro	*number, issue (of magazine)*	**une bouilloire**	*kettle*
		correspondre à	*to meet (needs)*
consacrer à	*to devote to*	**la prochaine saison**	*the coming season*
étant donné	*in view of, considering*	**prier qn de**	*to ask sb. to (do sth.)*
un engouement	*craze, fancy*	**vos tarifs actuels**	*your current rates, prices*
les appareils électroménagers	*household appliances*	**les conditions de livraison**	*delivery terms*
être reconnaissant(e) à qn de	*to be grateful to sb. for (doing sth.)*		

EXERCICE 9 Réponse à Mme Jacqueline Laurent

Rédigez en français une réponse à Mme Laurent selon les indications suivantes.

- *Pleased to forward our brochure outlining the history of the Lambourn Designs company, together with new catalogue presenting latest ranges of electrical appliances – for range of kettles, please see page 14.*
- *Company was set up in 1965 and is today firmly established in the UK. Has already concluded agreements with department stores in Belgium and Spain, and now seeking to expand into France.*
- *Recent market study carried out in northern France leads us to believe that our products will appeal to French customers.*
- *Our ultramodern facilities and highly-trained workforce mean that Lambourn Designs can offer unbeatable prices and our experience of the European market also means that we can deliver high-quality goods promptly.*
- *We are at their disposal for any further information. Martin Pollard, Sales Manager*

LAMBOURN

LAMBOURN DESIGNS

LEXIQUE PROPOSE

addresser sous ce pli
assurer la livraison
avoir le plaisir de
la clientèle française
conclure un accord
créer une société
dans les meilleurs délais
défier toute concurrence
un effectif hautement qualifié
en réponse à

des équipements ultramodernes
étendre ses activitiés
les grands magasins
de haute qualité
plaire à
porter qn à croire que
proposer des prix
relater l'histoire de
se tenir à la disposition de
solidement implanté(e)

ASSIGNMENT NO. 1

Balances de cuisine

Situation

You are employed at the Robert Lafleur Market Research Agency and have received the attached technical data sheets from an importer who wishes to determine the appeal of these appliances to the hotel and catering trade and to private households in France.

Task 1
Business conversation in pairs

Discuss with your client the goods involved, the target market, size of survey, region to be covered, and the questions of any estimate or deadline, at a meeting held in your office.

Task 2
Written questionnaires in French

Draw up questionnaires to be used to carry out telephone interviews on all the products with both groups of client, inquiring about appliances already possessed, frequency of purchase, price range considered and attitude towards imported goods.

Task 3
Telephone conversations in pairs

Conduct market surveys on all the articles by telephone with i) a hotel chef, and ii) a private householder, stressing that you are not selling these goods.

Task 4
Technical data sheets in English

Translate the technical data sheets into English in order to prepare for a market survey in the United Kingdom, giving approximate prices in English and ensuring that your copy reads well.

NB Invent all details as required: names, addresses, dates, items considered, etc.

Vetlanda:Fiches techniques

LA BALANCE PATISSERIE

Mise au point par un maître boulanger suédois de renommée internationale, elle permet de faire la préparation, la pesée et le mélange de la pâte dans le même récipient. D'un encombrement réduit, la balance peut se loger dans le bol pour le rangement.
Fabriquée en Suède. Garantie 2 ans.

La balance 2,5 kg: bol bleu de 1,9 l.
Diamètre 21 cm, hauteur 18 cm.
Réf. BP 381

PRIX CONSEILLE: 195 F

La balance 5,5 kg: bol blanc ou transparent de 3,3 l.
Diamètre 25 cm, hauteur 21 cm.
Réf. BP 517

PRIX CONSEILLE: 245 F

LA BALANCE DIETETIQUE
ℰℰℰℰ

Conçue par un spécialiste de la diététique suisse, elle permet un dosage très précis pour la cuisine saine. Elle indique le poids, la valeur énergétique de 300 aliments usuels en kilojoules (avec équivalence en calories), la teneur en sucres, graisses et protéines. Munie d'une mémoire, elle utilise les informations fournies pour vous composer un menu équilibré.

Fabriquée en Suède. Garantie 2 ans.

Diamètre 17 cm, hauteur 15 cm.

Réf. BD 422

Prix Conseille: 295 F

LA CAFETIERE PROGRAMMABLE FILTRE PAPIER
ℰℰℰℰ

Conçue dans notre bureau d'études italien, elle est équipée d'une plaque chauffante pour le maintien du café au chaud et d'un thermostat de sécurité. Programmateur d'utilisation simple. Interrupteur lumineux. Puissance 750 W, 220 V.

Fabriquée en Suède. Garantie 1 an.

La cafetière contenance 8 tasses.

Réf. CP 247

PRIX CONSEILLE: 210 F

La cafetière contenance 12 tasses.

Réf. CP 297

PRIX CONSEILLE: 245 F

L E X I Q U E

une balance	*scales (for weighing)*
la pâtisserie	*pastries, cakes*
mettre au point	*to perfect*
un maître boulanger	*master baker*
la renommée	*fame, renown*
une pesée	*weighing (operation)*
un mélange	*mixing*
la pâte	*pastry*
un récipient	*container, receptacle*
un encombrement	*bulk, size*
réduit(e)	*small-scale*
se loger dans	*to fit into*
un bol	*bowl*
le rangement	*putting away, storage*
la hauteur	*height (of object)*
le prix conseillé	*(manufacturer's) recommended price*
diététique	*dietary, health*
concevoir (pp. conçu)	*to design (product)*
un dosage	*measuring out*
sain(e)	*healthy*
énergétique	*high-calorie (food)*
un aliment	*(type of) food*
usuel(-elle)	*everyday, ordinary*
la teneur en sucre	*sugar content*
la graisse	*fat*
muni(e) de	*equipped with*
composer	*to put together (menu)*
une cafetière	*coffee pot, coffee maker*
un bureau d'études	*research, design department*
une plaque chauffante	*hotplate*
le maintien	*maintaining, keeping (sth. hot)*
la sécurité	*safety*
un programmateur	*time-switch, autotimer*
un interrupteur	*(electric) switch*
la puissance	*power*
la contenance	*capacity*

2 Campagne de vente

S i l'univers de la mode est par nature très fluctuant, certains confectionneurs, grâce à leurs capacités d'adaptation, ne s'en tirent pas trop mal. La clé de cette réussite? Epouser un segment de la clientèle et se spécialiser dans un créneau porteur.

Les chiffres publiés par l'INSEE révèlent que les femmes dépensent à tout âge plus d'argent que les hommes pour s'habiller, alors que ce sont les jeunes célibataires (moins de 35 ans) qui dépensent le plus pour se vêtir. Il est à noter aussi que la grande évolution des dernières années a été la vogue pour le sportswear.

LEXIQUE

fluctuant(e)	*fluctuating, changeable*
un(e) confectionneur (-euse)	*manufacturer of ready-to-wear clothing*
s'en tirer	*to cope, get by*
pas trop mal	*quite well*
une réussite	*success*
un segment	*(client) group*
un créneau	*market gap, niche*
porteur(-euse)	*profitable, buoyant*
un chiffre	*figure, number*
dépenser	*to spend (money)*
un(e) célibataire	*single man/woman*
se vêtir	*to dress (o.s.)*

REMARQUES

une campagne: here *campaign*; also *countryside*

certains confectionneurs: note that **certains** does not take the indefinite article **de** or **des** in the plural, and that *a confectioner* in French is **un(e) confiseur (-euse)**

grâce à: *thanks to, with the help of*

la clé de cette réussite: French uses the preposition **de** where English uses *to*

épouser: here *to follow (closely)*; also *to marry*, or *to espouse (a cause)*

L'INSEE: l'**I**nstitut **n**ational de la **s**tatistique et des **é**tudes **é**conomiques

à tout âge: the adjective **tout** is here used with the meaning of *any, no matter what*

alors que (*while, when*): not to be confused with **alors** (*then, so*)

moins de 35 ans: note that **moins**, and **plus**, take **de** (and not **que**) before a number

qui dépensent le plus: note that **le plus** is an adverb here (qualifying the verb **dépensent**) and as such is invariable

évolution: often used, as here, with the meaning of *development* as well as *evolution*

des dernières années: note the inclusion of *few* in the English expression

EXERCICE 1   Phrases-clés

Retrouvez ces phrases-clés dans le texte.

1 a sales drive *Campagne de vente*

2 the world of fashion *L'univers de la mode*

3 some clothing manufacturers *certains confectionneurs*

4 their ability to adapt *leur capacité d'adaptation*

5 they cope quite well *ils s'en tirent pas trop mal*

6 the key to this success *La clé de cette réussite*

7 a buoyant market *un créneau porteur*

8 single young men and women *les jeunes célibataires*

9 under 35 (years of age) *moins de 35 ans*

10 it should be noted that *il est à noter que*

11 the major development *la grande évolution*

12 of the last few years *des dernières années*

2.1 **Message enregistré**

Henry Lavigne, sous-directeur des ventes chez Vêtements Camri,
laisse un message enregistré pour Jacqueline Fournier, acheteuse
à la Maison Boirel, pour s'excuser de son retard à répondre à une
demande de renseignements.

M e s s a g e   r e ç u   l e   6   n o v e m b r e

MAISON BOIREL, CAHORS

A l'attention de Mme Jacqueline Fournier

Bonjour, Madame Fournier. Ici Vêtements Camri de Lille, Henri Lavigne,
L-A-V-I-G-N-E, sous-directeur des ventes, à l'appareil. Je vous téléphone en réponse à
votre demande de renseignements du 24 octobre au sujet de nos nouvelles gammes
de sportswear.

Tout d'abord, je tiens à vous présenter nos excuses pour le retard de cette réponse.
Nous avons eu un certain nombre de problèmes, notamment une mini-épidémie de
grippe, de sorte que presque tous nos employés de bureau ont été absents pendant
quelques jours.

C'est pour cette raison que j'ai préféré vous téléphoner. Bien entendu, nous vous
adressons également notre dernier catalogue qui devrait vous parvenir demain ou
après-demain. Il contient l'ensemble de nos gammes et vous trouverez aux pages 11 à
15 les articles susceptibles de vous intéresser.

Pour en revenir à votre demande, nous sommes en mesure de vous fournir tous les
articles de sport qui correspondraient aux spécifications que vous nous avez
communiquées. Il s'agit de nos tee-shirts, survêtements et maillots de rugby.

Quant à la livraison, elle pourrait être effectuée dans un délai de dix jours à compter
de la réception de votre commande ferme. Nous suggérons toutefois que vous passiez
commande au plus vite, car nos stocks pour certains articles sont limités à cette
époque de l'année. Nos employés peuvent prendre commande par téléphone.

A ce propos, nous devons vous signaler que nos bureaux seront fermés du 21
décembre jusqu'au 2 janvier ce qui fait que les commandes reçues après le 7
décembre ne seront traitées qu'au mois de janvier, à partir du 3.

Je vous envoie une documentation détaillée ainsi que nos tarifs pour les produits qui
ont retenu votre attention. Nous sommes prêts à consentir une remise de 7,5% pour
toute commande supérieure à 5 000 F. En ce qui concerne le règlement, vous
trouverez tous les détails sur nos conditions générales de vente dans le catalogue.

Nous sommes convaincus que la gamme Camri Sports se révélera parfaitement
adaptée à vos besoins. Si vous désirez de plus amples renseignements sur ces articles
ou les conditions de vente et de livraison, vous pouvez me contacter par téléphone au
03.20.91.81.75. Je suis toujours au bureau le matin de 8 h 00 à 10 h 30.

Merci, Madame Fournier, et au revoir.

LEXIQUE

un message enregistré	recorded message	**à compter de la réception de**	(counting) from receipt of
un(e) acheteur(-euse)	buyer	**une commande ferme**	firm order
une demande de renseignements	inquiry	**toutefois**	however
à l'appareil	speaking (on the phone)	**passer commande**	to place an order
une épidémie de grippe	flu epidemic	**au plus vite**	as soon as possible
de sorte que	with the result that	**à cette époque de l'année**	at this time of the year
les employés de bureau	office staff	**à ce propos**	in this connection, with this in mind
adresser qch. à qn	to send, forward sth. to sb.	**signaler à qn**	to inform sb., point out to sb.
parvenir à	to reach, arrive	**ce qui fait que**	which means that
une gamme	line, range (of goods)	**traiter une commande**	to handle, deal with an order
susceptible de	(to be) likely to	**à partir de**	as from
en revenir à	to return to (discussion)	**ainsi que**	as well as
être en mesure de	to be in a position to	**retenir l'intérêt de qn**	to arouse, catch sb.'s interest
fournir	to provide, supply	**consentir une remise**	to allow a discount
correspondre à	to meet, match	**supérieur(e) à**	above, greater than
communiquer	to send, transmit	**le règlement**	payment
un survêtement	tracksuit	**les conditions de vente**	terms of sale
un maillot	(football, rugby) jersey	**se révéler**	to prove to be
quant à	as for, concerning		
la livraison	delivery		
effectuer	to carry out		
dans un délai de	within (period of time)		

REMARQUES

reçu: past participle of the verb **recevoir** (to receive)

Cahors: a medium-sized town in the south-west of France

Lille: an important town in the north of France, and home of the textile industry

à l'appareil: a phrase meaning speaking on the phone, calling; **appareil** can mean telephone, appliance, device, aeroplane, etc.

tenir à: distinguish between **tenir** to have, hold and **tenir à** to be keen, be anxious to (do sth.)

de sorte que: so that, in such a way that, with the result that

également: lit. equally, often used with the meaning of also

notre dernier catalogue: the adjective **dernier** here means latest rather than last

après-demain (the day after tomorrow): note also **avant-hier** (the day before yesterday)

l'ensemble de nos gammes (all our lines): **ensemble** is here a noun meaning group, set of, and should not be confused with the adverb **ensemble** (together)

susceptibles de vous intéresser: likely to interest you, which may be of interest to you

en revenir à: distinguish between **revenir à** to come back (to a place) and **en revenir à** to come, to get back to (what one was saying)

fournir (to supply, provide); to furnish (a house, a flat) is **meubler**

que vous nous avez communiquées: the verb **communiquer** can mean, as here, to send, give (information) as well as to communicate (with sb.); **communiquées** agrees with the direct object, **specifications** (fpl.), preceding a verb conjugated with **avoir**

il s'agit de: it is a question of, it concerns/they concern

dans un délai de dix jours: note that **délai** refers to a period of time or deadline, final date; a delay is **un retard**

que vous passiez commande: subjunctive after **suggérer que**; not to be confused with the imperfect, which has the same form in the **nous** and **vous** forms

ainsi que (as well as): not to be confused with **ainsi** (so, thus, in this way)

consentir une remise: distinguish between **consentir** (to grant, allow) and **consentir à** (to agree, consent to)

7,5%: compare French **sept virgule cinq pour cent** and English *seven point five per cent*

toute commande (*any order*): as opposed to **toute la commande** (*the whole order*)

supérieur(e) à: *higher than* (in value), as well as *superior to* (in quality)

le règlement: here *payment, settlement*; also *rules, regulations*

au 03.20.91.81.75: French telephone numbers are written, and spoken, two figures at a time; 03 is the area code for the north-east

EXERCICE 2 Références

Retrouvez les références correspondant aux explications suivantes.

1 date de la demande de renseignements

2 date de la réception du message

3 cause du retard de la réponse

4 date prévue pour l'arrivée du catalogue

5 pages des articles recherchés

6 les nouvelles gammes de sportswear

7 dix jours à compter de la réception de commande

8 urgence de passer commande

9 dernière date pour le traitement des commandes

10 dates de fermeture des bureaux chez Camri

11 pièces jointes avec la lettre

12 remise consentie pour les commandes de plus de 5 000 F

13 numéro de téléphone d'Henri Lavigne

14 heures de bureau d'Henri Lavigne

EXERCICE 3 Entraînement oral

Répondez aux questions suivantes selon le modèle.

A *Pouvez-vous me répéter votre nom?*

Henri Lavigne.

→ *Oui, bien sûr, Henri Lavigne, L-A-V-I-G-N-E*

- Françoise Pasquier
- Robert Soulignac
- Monique Julliard
- Jacques Charrière
- Raymond Thébault
- Germaine Leroux

B *Quel est votre numéro de téléphone?*

03.20.91.81.75

→ *C'est le 03.20.91.81.75.*

- 01.48.61.07.76
- 05.89.32.61.05
- 03.21.11.71.53
- 04.68.82.08.17
- 02.14.79.33.77
- 01.72.01.13.92

2.2 Passer commande

Scénario

Après avoir reçu le nouveau catalogue de promotions de Camri, Jacqueline Fournier, acheteuse à la Maison Boirel, téléphone à Henri Lavigne, sous-directeur des ventes.

EXERCICE 4 Questions sur la conversation

1 Pourquoi Mme Fournier téléphone-t-elle à M. Lavigne?

2 A quels articles s'intéresse-t-elle? Pourquoi?

3 Combien de tee-shirts commande-t-elle? Précisez.

4 Quel choix fait-elle pour les tailles et les couleurs?

5 Combien de survêtements commande-t-elle? Précisez.

6 Pour qui commande-t-elle les survêtements «Bordeaux»?

7 Quels maillots de rugby commande-t-elle?

8 Quelles dispositions prend-elle pour la livraison et le paiement de cette commande?

9 M. Lavigne est-il d'accord pour lui donner une réduction sur le prix? Expliquez.

10 Que faudra-t-il confirmer?

LEXIQUE

de la part de	*on behalf of*	**le coloris**	*colour (for range of articles)*
une promotion	*special offer*	**une folie**	*rage, craze*
plaire à	*to appeal to (sb.)*	**conseiller**	*to recommend (sth. to sb.)*
à la mode	*fashionable*		
raisonnable	*reasonable, realistic (price)*	**un virement bancaire**	*bank transfer*
démontrer	*to demonstrate, prove*	**une lettre de change**	*bill of exchange*
un numéro de commande	*order number*	**un inconvénient**	*objection*
enregistrer	*to record, make a note of*	**le taux en vigueur**	*the going rate*
une taille	*size*	**expédier**	*to send, dispatch (goods)*
laisser le choix à qn	*to leave sb. the choice*	**dernier délai**	*final date, at the latest*
voyant(e)	*loud (colour)*	**par courrier**	*by letter, by post*
le fluo (inv.)	*fluorescent (colour)*	**dès aujourd'hui**	*as of today*

Conversation téléphonique

HL: Henri Lavigne, *sous-directeur des ventes à Camri* | **JF: Jacqueline Fournier,** *acheteuse à la Maison Boirel*

HL Allô, service des ventes, Henri Lavigne à l'appareil.

JF Bonjour, Monsieur Lavigne. Ici Jacqueline Fournier, de la part de la Maison Boirel à Cahors.

HL Bonjour, Madame Fournier, comment allez-vous? J'espère que notre dernière livraison de jeans et de pantalons vous a donné entière satisfaction?

JF Tout à fait. Je viens de recevoir votre nouveau catalogue de promotions – il est tout aussi intéressant.

HL Quels articles en particulier?

JF Ce sont vos articles de sport qui ont retenu notre attention, des gammes qui plairont certainement aux jeunes.

HL Nous avons fait notre maximum pour offrir à notre clientèle des articles à la mode à des prix raisonnables.

JF Vous allez voir que ma commande le démontre. Je vous donne mon numéro de commande: 504/VS.

HL J'enregistre donc: numéro 504/VS. Je vous écoute, Madame.

JF Tout d'abord, les tee-shirts référence 1/325/A: il m'en faut quinze; référence 1/544/B – cinq; référence 1/777/G – douze; et enfin référence 1/868/J – vingt, tous dans différentes tailles, n'est-ce pas?

HL Bien sûr. Et pour les couleurs?

JF Je vous laisse le choix, mais je veux des couleurs voyantes, du fluo, enfin vous savez. Passons maintenant aux survêtements: quatorze «Bordeaux» – c'est pour une équipe de foot qui me les a déjà commandés; vingt «Aztec»: dix coloris bleu/jaune et dix coloris vert/rouge; et enfin quinze «Saint-Germain»: dix en petite taille et cinq en grande taille.

HL Très bien, c'est noté.

JF Avez-vous des maillots de rugby? C'est la grande folie depuis la Coupe du Monde.

HL Oui, certainement. Je vous conseille également ceux du Tournoi des Six Nations.

JF Mettez-en cinq de chaque et je vais voir comment cela se vend. Voilà, je pense que c'est tout pour le moment.

HL Pour quand désirez-vous la livraison?

JF Pour lundi prochain. Est-ce possible?

HL Sans problème, nous avons tous ces articles en stock. Vous payez par virement bancaire ou par lettre de change?

JF Par virement bancaire si vous n'y voyez pas d'inconvénient, mais vous me faites quelle remise sur cette commande?

HL Cinq pour cent, c'est le taux en vigueur en ce moment.

JF Mais vous m'avez accordé 7,5 pour cent pour la dernière commande!

HL D'accord, 7,5 pour cent et le stock vous sera expédié vendredi matin dernier délai. Vous confirmez par courrier, n'est-ce pas?

JF Certainement, dès aujourd'hui. Voulez-vous me téléphoner vendredi pour confirmer que la commande a été expédiée?

HL Vous pouvez compter sur moi, Madame. Au revoir, et merci.

JF Merci, Monsieur Lavigne, et au revoir.

REMARQUES

allô (*hello*): used only on the phone in French

tout aussi intéressant: note that **tout** is an adverb here, intensifying **aussi** (*just as interesting*)

ce sont vos articles de sport: French prefers the present tense, as referring to a fact

offrir à: note the use of the preposition **à** in French when translating *to offer (to) sb.*; cf. **donner à, téléphoner à**

il m'en faut quinze: note the inclusion of **en**, that is, *fifteen of them*, in the French

tous dans différentes tailles: note that **tous** is a pronoun here meaning *all*; note also that the **-s** is pronounced

n'est-ce pas?: here *of course*; otherwise *isn't it?, aren't they?*, as required by the sense in English; cf. below **vous confirmez par courrier, n'est-ce pas?**, that is, *won't you?*

bien sûr (*of course*): not to be confused with **bien** (*well*) and **sûr** (*sure, safe*)

une équipe de foot: a popular abbreviation of **une équipe de football!**

qui me les a déjà commandés: note that **me** is here the indirect pronoun, meaning *from me*, used with the verb **commander à**; note also the agreement of the past participle with **les** referring to **survêtements** (mpl.)

c'est noté: *I've got that*, lit. *that's noted down*

ceux du Tournoi: note that **ceux** here refers to **maillots de rugby**

cinq de chaque: note the colloquial use of **chaque** as an indefinite pronoun meaning *each one*

si vous n'y voyez pas d'inconvénient: *if you have no objection*, lit. *if you don't see any drawbacks in this matter*

dès aujourd'hui: do not confuse **dès** (*as from*) with **des** (*some*)

EXERCICE 5   Entraînement grammatical

Traduisez en français les phrases suivantes selon le modèle.

A   *Je viens de recevoir votre nouveau catalogue.*

- She's just received our latest delivery.
- They've just placed their first order.
- You've just studied our general terms of sale.
- We've just replied to his enquiry.
- He's just left a recorded message.
- Sylvie has just contacted me by phone.

B   *Nous pouvons confirmer que la commande a été expédiée.*

- He can confirm that the two employees have been paid.
- We can confirm that these regions have been chosen.
- They can confirm that the scales have been sold.
- I can confirm that the bank transfer has been received.
- She can confirm that the figures have been published.
- Can you confirm that the surveys have been carried out?

2.3 **Exécution non conforme**

Scénario

Après avoir pris livraison de la marchandise, Mme Fournier
contacte M. Lavigne pour lui signaler un nombre important
d'erreurs dans l'exécution de sa commande.

EXERCICE PRELIMINAIRE

Cochez les réponses correctes.

Madame Fournier	☐ cliente	☐ fournisseur
Exécution de la commande	☐ conforme	☐ non conforme
Référence 1/325/A	☐ commande de 15	☐ livraison de 15
Référence 1/325/B	☐ commande de 5	☐ livraison de 5
Couleurs à la mode	☐ citron et vert	☐ citron et noir
Les «Montpellier»	☐ en stock	☐ en rupture de stock
Survêtements tachés	☐ les «Bordeaux»	☐ les «Saint-Germain»
Manque à gagner sur	☐ tee-shirts	☐ maillots de rugby

EXERCICE 6   Questions sur la conversation

1 Pourquoi Mme Fournier ne fait-elle plus
confiance à M. Lavigne?

2 Quelles erreurs a-t-elle constatées dans la
livraison des tee-shirts?

3 Comment M. Lavigne explique-t-il le choix des
couleurs?

4 Mme Joubert est-elle prête à garder les tee-
shirts?

5 Pourquoi M. Lavigne lui a-t-il envoyé des
survêtements «Montpellier»?

6 Pourquoi Mme Fournier refuse-t-elle les
«Montpellier»?

7 Quels remplacements M. Lavigne accepte-t-il
d'envoyer?

8 Pourquoi Mme Joubert n'a-t-elle pas encore
reçu les maillots de rugby?

9 Quand Mme Joubert recevra-t-elle les maillots?

10 Quel avertissement Mme Fournier donne-t-elle
à M. Lavigne pour l'avenir?

LEXIQUE

exécution non conforme	*not as per order*	**tout aussi bien**	*just as well*
être désolé(e)	*to be sorry*	**correspondre à**	*to match*
résoudre (pp. résolu)	*to solve, settle (problem)*	**en exprès**	*by special delivery*
contrôler	*to check, inspect*	**taché(e)**	*marked, stained*
la marchandise	*goods*	**un remplacement**	*replacement*
faire confiance à qn	*to have confidence in, trust sb.*	**grave**	*serious*
		manquer	*to be lacking, missing*
conforme à la commande	*as per order*	**prendre la peine de**	*to take the trouble to*
livrer	*to deliver (goods)*	**un engouement**	*craze (for sth.)*
citron (inv.)	*lemon(-coloured)*	**être au-dessus de**	*to be above, greater than*
convenir à qn	*to suit, be suitable for sb.*	**une prévision**	*forecast*
reprendre	*to take (goods) back*	**un manque à gagner**	*loss of income, earnings*
un invendu	*unsold item*	**s'y reprendre à deux fois**	*to think it over carefully*
être en rupture de stock	*to be out of stock*		

Conversation téléphonique

JF: Jacqueline Fournier, *acheteuse à la Maison Boirel*   **HL: Henri Lavigne,** *sous-directeur des ventes à Camri*

JF Allô, Monsieur Lavigne? C'est Madame Fournier de Boirel. Je vous téléphone parce que je ne suis pas contente.

HL Je suis désolé, Madame. Je croyais que nous avions résolu tous les problèmes de livraison.

JF Pas du tout. Je viens de contrôler la marchandise et vraiment, je ne peux plus vous faire confiance. D'abord, la livraison n'arrive pas à la date demandée; puis, lorsqu'elle arrive, elle n'est pas conforme à la commande.

HL Pouvez-vous m'expliquer ce qui ne va pas?

JF J'avais commandé quinze tee-shirts référence 1/325/A et on m'en a livré que dix; par contre, je n'avais commandé que cinq de la référence 1/544/B et j'en ai reçu vingt. Ensuite, il y a seulement deux couleurs: citron et noir, ce qui ne conviendra pas du tout à notre clientèle.

HL Vous m'en aviez laissé le choix, et je vous assure que ces couleurs-là sont à la mode chez les jeunes en ce moment.

JF Nous verrons. Malgré ces erreurs, je suis prête à garder les tee-shirts si vous acceptez de reprendre les invendus.

HL Oui, certainement. Ce sera tout?

JF Non, vous m'avez envoyé des survêtements «Montpellier» à la place des «Bordeaux» que je vous avais commandés.

HL Les «Bordeaux» sont en rupture de stock et, croyez-moi, les «Montpellier» se vendent tout aussi bien.

JF Pourtant, je vous avais signalé qu'une équipe de foot locale les avait commandés sur catalogue: les couleurs correspondent exactement à celles de leurs maillots.

HL Les nouveaux «Bordeaux» devraient arriver d'ici la fin de la semaine: je vous les envoie immédiatement, en exprès.

JF Bon, c'est d'accord, mais je compte sur vous. Ensuite, sur les quinze survêtements «Saint-Germain», cinq sont tachés.

HL C'est noté, je vous envoie des remplacements en même temps.

JF Mais il y a plus grave: il me manque tous les maillots de rugby. J'avais pourtant pris la peine de confirmer la commande par lettre et une deuxième fois par fax. C'est vous qui m'aviez recommandé les maillots Six Nations.

HL Excusez-nous, mais l'engouement pour les maillots de rugby a été bien au-dessus de nos prévisions. Nous avons été obligés de renouveler nos stocks.

JF Mais cela ne me donne pas mes maillots et j'ai un manque à gagner sur cette commande. Qu'est-ce que je vais dire à mes clients? Donnez-moi au moins une date de livraison.

HL Voyons, les maillots ont été envoyés le 29 novembre mais ils sont importés d'Italie ce qui explique le retard. Vous pouvez être assurée qu'ils seront chez vous mardi prochain.

JF Monsieur Lavigne, je dois vous dire qu'à l'avenir je m'y reprendrai à deux fois avant de vous faire confiance.

HL Je vous prie de nous excuser, Madame. N'hésitez pas à m'appeler si vous avez d'autres problèmes.

R E M A R Q U E S

exécution non conforme: lit. *carrying out not in keeping*; cf. below **pas conforme** (*not in keeping with order*)

je viens de contrôler: note **venir de** followed by an infinitive for *to have just (done sth.)*

vous faire confiance: the infinitive **faire** depends on **je ne peux plus**; not to be confused with **vous faites confiance**

ce qui ne va pas: *what's wrong*, lit. *that which does not go*

j'avais commandé quinze tee-shirts: French here, and in a number of following instances, prefers the more accurate pluperfect where English might use the simpler preterite *I ordered*

on m'en a livré que dix: note the inclusion of **en**, that is, *ten of them*; cf. **il m'en faut quinze**

citron: distinguish between the noun **un citron** (*a lemon*) and, here, the invariable adjective **citron** (*lemon-coloured*)

que je vous avais commandés: the past participle **commandés** agrees with **des «Bordeaux»**

celles de leurs maillots: note that **celles** agrees with **les couleurs** (fpl.)

d'ici la fin de la semaine: more formally, **d'ici à la fin de la semaine**; **d'ici** can refer to space, for example, **d'ici à Paris** or, as here, to time: *by the end of the week*

je vous envoie des remplacements: note the use of a present tense when referring to the immediate future

il me manque: an impersonal use of **manquer à** (*I'm short of*, lit. *there is missing to me*)

c'est vous qui m'aviez recommandé: note again that, in **c'est vous qui**, French prefers the present tense when referring to a fact

bien au-dessus: *well beyond*, lit. *well above*

un manque à gagner: a set commercial expression

ils seront chez vous: *you'll receive them*, lit. *they will be with you*

je dois vous annoncer: for the use of the infinitive, cf. above **je ne peux plus vous faire confiance**

E X E R C I C E 7   E n t r a î n e m e n t g r a m m a t i c a l

Traduisez en français les phrases suivantes selon le modèle.

A *les survêtements que je vous avais commandés*

- the rugby jerseys which he had sold them
- the letter of confirmation which they had sent us
- the shoes which I had delivered to you
- the sportswear which we had bought him
- the discount which I had given them
- the colours which you had chosen for me

B *Donnez-moi au moins une date de livraison.*

- At least send him a second fax.
- At least order five new tracksuits for them.
- At least offer us a better price.
- At least tell her the manufacturer's address.
- At least recommend us a different model.
- At least give me the going rate.

2.4 Date et lieu de livraison

Tranduisez en anglais le corps de la lettre ci-dessous.

GALERIES NORMANDES

Rouen, le 17 avril . . .

A l'attention de Martin Pollard

Monsieur,

Suite à notre entretien téléphonique du 15 avril, nous vous confirmons la commande suivante:

– 100 grille-pain, modèle GF/531 à 205 F l'unité
– 200 grille-pain, modèle GF/532 à 270 F l'unité   } livraison comprise
– 300 grille-pain, modèle GF/533 à 310 F l'unité

Pour le modèle GF/531 la couleur est beige, pour les modèles GF/532 et GF/533, nous vous remercions de bien vouloir nous en faire parvenir 100 de chaque couleur, à savoir gris perle et vert amande pour le GF/532, blanc, pêche et jaune citron pour le GF/533.

Nous recevrons cette commande suivant les conditions qui ont été convenues lors de nos premières discussions:

–livraison par une entreprise de transport de votre choix dans les huit jours qui suivent cette commande,

–un service après-vente assurant le remplacement de toute pièce défectueuse dans les 48 heures.

Avec nos remerciements, veuillez agréer, Monsieur, l'expression de nos sentiments distingués.

La Directrice des Achats

Dominique LAURENT

LEXIQUE

un grille-pain (inv.)	*toaster*	**pêche**	*peach(-coloured)*
l'unité	*each, (price) per item*	**jaune citron**	*lemon yellow*
compris(e)	*included*	**convenir**	*to agree*
nous vous remercions de	*please, would you (do sth.)*	**lors de**	*during*
		une entreprise de transport	*haulage company*
bien vouloir	*kindly (do sth.)*		
à savoir	*that is to say*	**le service après-vente**	*after-sales service*
gris perle	*pearl grey*	**assurer**	*to guarantee*
vert amande	*almond green*	**une pièce défectueuse**	*faulty, defective part*

EXERCICE 9   Message urgent

Rédigez un fax en français selon les indications ci-dessous.

For the attention of Mme Laurent, Galeries Normandes

Following the discussion over the phone with your secretary yesterday, we have noted your instructions not to deliver the order 39447/2 for 250 food processors reference LB/387.

As we understood from your fax of 17th May that you wanted delivery in Rouen for 1st October, we have not planned to begin production before the beginning of July.

However, according to your fax of 24th May, you are asking for delivery in Caen for 1st August.

Kindly confirm the date and place of delivery for this order.

Regards,
Martin Pollard, Lambourn Designs

LEXIQUE PROPOSE

d'après	sachant que
début juillet	sincères salutations
prévoir de	un robot ménager

ASSIGNMENT NO. 2

Articles de quincaillerie

Situation

You are employed in the purchasing department of Cameron's Stores, which is seeking to import hardware products from Europe. You have now received the attached information from a French supplier, Reynaud, in answer to your recent inquiry.

Task 1
Telephone conversation in pairs

Place an order for small quantities of these goods with Reynaud by telephone, discussing prices, transport and delivery dates, and asking for advice on the selection where necessary.

Task 2
Letter of confirmation in French

Confirm your order and all the relevant details in writing, specifying quantities, size, colour and price, and including details of transport and after-sales service.

Task 3
Telephone conversation in pairs

Call the supplier to complain about the numerous errors in the consignment of goods received – dates, quantities, colours, quality of goods, missing items – and insist on guarantees as to prompt delivery of the replacements.

Task 4
Fax message in French

In answer to a fax from Reynaud referring to a possible misunderstanding over the agreed terms for your next order, send clear instructions as to the date and place of delivery.

NB Invent all details as required: names, addresses, dates, items ordered, delivery and after-sales service, etc.

LEXIQUE

un appareil	*appliances, equipment*
un outil	*tool, implement*
ménager(-ère)	*household (implements)*
trouver ci-joint	*to find attached, enclosed*
un tarif	*price list*
à dater de	*as from, dating from*
toutefois	*however, nonetheless*
au plus vite	*as soon as possible*
dans cette attente	*looking forward to hearing from you*
une échelle	*ladder*
articulé(e)	*articulated, jointed, folding*
l'alu (m.)	*aluminium*
la hauteur	*height*
une lampe de poche	*torch*
la longueur	*length*
un sac de transport	*travelling bag*
la toile	*cloth, canvas*
bordeaux (inv.)	*maroon, burgundy (-coloured)*
vert clair	*light green*
l'acier (m.)	*steel*
un manche	*handle*
le bois	*wood*
la profondeur	*depth*
une balance	*scales*
laqué(e)	*lacquered*
les ciseaux (mpl.)	*scissors*
l'acier inox(ydable)	*stainless steel*

REYNAUD S.A.
Zone Industrielle Nord – 68000 COLMAR

Monsieur,

Nous avons bien reçu votre demande de renseignements du 14 mars au sujet de nos appareils et outils ménagers.

Veuillez trouver ci-joint une documentation détaillée ainsi que nos tarifs sur les produits qui ont retenu votre attention. Nous sommes prêts à consentir une remise de 7% pour toute commande supérieure à 2 500 FF.

Nos délais de livraison sont de trois semaines à dater de la réception de votre commande ferme. Nous suggérons toutefois que vous passiez commande au plus vite car nos stocks pour certains articles sont limités à cette époque de l'année.

Dans cette attente, nous vous prions de croire, Monsieur, à l'assurance de nos sentiments les meilleurs.

Le Directeur des ventes
Olivier CHAMPY

article	matériel	dimensions	réf	prix
échelle articulée	alu naturel	hauteur 1,53 cm	M/3762	135,00 F
lampe de poche	plastique bleu, rouge, jaune	longueur 10 cm	T/7111	68,90 F
sac de transport	toile bordeaux, vert clair	44 × 24 × 28 cm	L/6151	179,50 F
wok chinois	acier avec manche en bois	diamètre 35 cm, profondeur 9 cm	C/4057	149,90 F
balance électronique	acier laqué	dimensions 19 × 21 cm	C/7278	345,00 F
ciseaux de cuisine	acier inox	longueur 19 cm	D/1094	75,80 F

Ouvrir un bureau à Paris

Des études récentes ont démontré que de nombreuses entreprises déménagent en moyenne tous les dix ans. L'espace de travail moderne est très recherché en centre-ville, particulièrement à Paris où la plupart des sociétés installent leur siège social.

Cependant, les loyers élevés ont aussi amené la construction d'immeubles de bureaux à la périphérie des villes car un terrain à bâtir y coûte nettement moins cher. Equipés de systèmes informatiques de pointe, ils assurent au personnel des entreprises un espace de travail agréable et fonctionnel. Enfin et surtout, un tel emplacement offre un accès plus facile aux transports autoroutiers, ferroviaires et aériens.

LEXIQUE

démontrer	to demonstrate, show
déménager	to move, relocate (offices)
en moyenne	on average
recherché(e)	sought after
installer	to set up, locate (premises)
un siège social	head office
un loyer	rent
amener	to lead (to)
la construction	building (of premises)
un immeuble	(office) block
la périphérie	outskirts (of town)
un terrain	land, plot
nettement	markedly, considerably
informatique (adj.)	computer (system)
assurer	to provide
un emplacement	site

REMARQUES

tous les dix ans: *every ten years*, lit. *all the ten years*; cf. **toutes les cinq minutes** (*every five minutes*)

la plupart des sociétés installent: note that **plupart** takes a plural verb in French

leur siège social: given in the singular as each company has (only) one head office

de pointe: *advanced, high-tech, state-of-the-art* (industry, techniques, technology, company, etc.)

un tel emplacement (lit. *a such site*): note that the word order in French is the same as for any other adjective as opposed to the word order in English *such a site*

EXERCICE 1   Phrases-clés

Retrouvez ces phrases-clés dans le texte.

1 recent studies

2 in the city centre

3 their head office

4 high rents

5 office blocks

6 on the outskirts of towns

7 a building plot

8 state-of-the-art computer systems

9 a functional working space

10 such a site

11 more ready access

12 rail transport

3.1 **Immeubles de bureaux**

Scénario

Claude Maurin de l'agence immobilière André Delastre répond à
une demande de renseignements en attirant l'attention sur les
bureaux actuellement disponibles à Roissypole.

R é p o n s e   d e   l ' A g e n c e   I m m o b i l i è r e

---

AGENCE IMMOBILIERE
ANDRE DELASTRE

Monsieur,

Nous accusons réception de votre courrier du 12 août dernier, et nous avons le plaisir de vous faire parvenir les propositions suivantes pour locaux commerciaux. Ils se situent à Paris, centre et environs, et seraient susceptibles de convenir à vos besoins. Veuillez trouver ci-joint notre prospectus qui vous fournira les détails de ces propositions ainsi que les conditions de vente ou de location.

Nous voudrions en particulier attirer votre attention sur les nombreux avantages offerts par les bureaux disponibles Place de l'Europe, Roissypole. Dès l'origine de ce projet, le grand dessein des constructeurs a été de concevoir un immeuble à l'architecture modulaire. Quatre unités de bureaux donnant sur un superbe jardin privé s'organisent sur chaque étage, et peuvent être groupées par deux, trois ou quatre suivant vos besoins. Afin de préserver la plus grande flexibilité d'utilisation possible, ces locaux peuvent être aménagés en espaces paysagés ou en bureaux cloisonnés.

Situés au cœur du monde des grandes décisions, les quatre immeubles autonomes construits Place de l'Europe représentent 20 000 m^2 de bureaux, immédiatement disponibles et divisibles. Tous les bureaux sont opérationnels 24 heures sur 24, sept jours sur sept, si nécessaire. D'une architecture esthétique aussi bien que fonctionnelle, ces immeubles ultramodernes possèdent une réception individuelle, des parkings privés et un restaurant d'entreprise. Dotés du chauffage central et entièrement climatisés, ils sont équipés de faux planchers pour le câblage informatique.

Les nouveaux immeubles de bureaux prestigieux de la cité d'affaires Place de l'Europe offrent aux entreprises une infrastructure diversifiée, et assurent un accès direct aux grands axes de communication nationaux et internationaux. Roissypole fournit d'excellents liens avec Paris, le reste de la France, l'Europe et le monde grâce à la proximité de l'aéroport international Roissy-CDG, de l'A1, du TGV et du RER.

Nous nous tenons à votre disposition pour de plus amples renseignements et vous invitons à l'exposition permanente dans nos locaux, avec maquettes détaillées de tous les bâtiments.

Nous vous prions de croire, Monsieur, en l'assurance de nos sentiments les meilleurs.

le Directeur commercial
Claude MAURIN

L E X I Q U E

une agence immobilière	*estate agency*
accuser réception de	*to acknowledge receipt of*
un courrier	*letter*
faire parvenir à qn	*to forward to sb.*
une proposition	*proposal*
des locaux commerciaux (mpl.)	*business premises*
les environs (mpl.)	*outskirts (of town)*
être susceptible de	*to be likely to*
convenir à	*to suit (sb.'s needs)*
trouver ci-joint	*to find enclosed*
fournir	*to provide, supply*
les conditions de vente	*terms of sale*
la location	*rental*
attirer	*to attract, draw (attention)*
disponible	*available*
un dessein	*aim, objective*
un constructeur	*builder*
concevoir	*to design*
s'organiser	*to be set out*
suivant	*according to*
aménager	*to convert, develop*
paysagé(e)	*open-plan (office)*
cloisonné(e)	*partitioned*
autonome	*independent*
esthétique	*attractive*
une réception	*reception area*
doté(e) de	*equipped with, fitted with*
le chauffage	*heating*
climatisé(e)	*air-conditioned*
le câblage	*wiring*
les grands axes (mpl.)	*main lines (of communication)*
un lien	*connection, link*
le reste	*rest, remainder*
grâce à	*thanks to*
la proximité de	*proximity of, nearness to*
se tenir à la disposition de qn	*to be at sb.'s disposal*
une exposition	*exhibition*
une maquette	*scale model*

R E M A R Q U E S

nous accusons réception de: a standard expression in business correspondence to acknowledge receipt of letters, etc.

faire parvenir: the usual expression in business correspondence for *to forward, to dispatch*

locaux commerciaux: distinguish between the noun **un local, des locaux** (*premises*) and the adjective **local(e)** (*local*)

susceptibles de: note that **susceptible de** here means *likely to*, while *susceptible to* is generally rendered in French as **sensible à, prédisposé(e) à**

veuillez trouver ci-joint: another expression used in business correspondence; **veuillez** is the command form of **vouloir**, usually expressed in English as *kindly*; note also that, used after a verb, **ci-joint** is an adverb and therefore would not agree with a feminine or plural noun (for example, **une pièce, les papiers**)

ainsi que: distinguish between **ainsi** (*so, thus, in this way*) and **ainsi que** (*and, as well as*)

concevoir: here *to design* (project, system); also *to conceive* (child), *to understand* (attitude)

20 000 m²: 20 000 mètres carrés; for numbers of one thousand and above, a blank space is left or a full stop inserted in order to separate thousands; compare with English use of a comma *20,000 sq.m.*

24 heures sur 24: note the use of **sur** to express *out of*, here *24 hours out of 24* or *round the clock*; cf. **sept jours sur sept** (*seven days a week*) and **neuf sur dix** (*nine out of ten*)

les grands axes: note that **un axe** is *a main road* or *main line* (of communication); *an axe* in French is **une hache**

le reste: *rest* in the sense of *remainder*; *rest* in the sense of *repose* is **le repos**

Roissy-CDG: the international airport **Roissy-Charles de Gaulle** to the north-east of Paris

l'A1: l'Autoroute 1, the A1 motorway between Paris and the north of France

le TGV: le Train à Grande Vitesse, the high-speed train with lines from Paris to the north, south and west of France

le RER: le Réseau Express Régional, the rapid-transit rail system in the Paris region

EXERCICE 2 Phrases-clés

Retrouvez ces phrases-clés dans le texte.

1 an estate agency

2 to acknowledge receipt of

3 to forward (sth. to sb.)

4 business premises

5 in the centre and on the outskirts

6 please find enclosed

7 terms of sale

8 office units

9 on each storey

10 according to your needs

11 an open-plan office

12 a partitioned office

13 an independent block

14 a separate reception area

15 computer wiring

16 a business area

17 direct access

18 main lines of communication

19 excellent connections

20 a detailed scale model

EXERCICE 3 Entraînement oral

Répondez aux questions suivantes selon le modèle.

A *C'est un grand immeuble?*

5 000

→ *Eh oui, il représente 5 000 m².*

- 4 800 m²
- 7 750 m²
- 5 985 m²
- 11 200 m²
- 9 690 m²
- 8 100 m²

B *Tous les clients ont répondu?*

48/64 – 75

→ *Voyons, 48 sur 64, soit 75%.*

- 74/185 – 40
- 23/115 – 20
- 28/35 – 80
- 24/96 – 25
- 12/150 – 8
- 161/175 – 92

3.2 Passer une annonce

Scénario

Lorsque la société Marcale de Rouen décide d'ouvrir un bureau à Paris, la secrétaire passe une annonce dans un grand quotidien national.

EXERCICE 4 Questions sur la conversation

1 Quel service du *Figaro* Mme Vernet contacte-t-elle?

2 Où veut-elle placer cette annonce?

3 Faudra-t-il remplir et envoyer une fiche?

4 Comment calcule-t-on le prix d'une petite annonce?

5 Quelle édition l'employé du *Figaro* recommande-t-il?

6 Quels détails l'employé demande-t-il?

7 Décrivez les bureaux recherchés.

8 L'accès aux bureaux est-il important?

9 A qui devra-t-on envoyer la facture?

10 Est-ce une affaire urgente?

PETITES ANNONCES

Immobilier d'entreprise

Locaux industriels et commerciaux

Bureaux, ventes

Bureaux, locations

Bureaux équipés, locations

LEXIQUE

passer une annonce	*to place an advertisement*	**une édition**	*edition, issue*
les petites annonces	*classified ads*	**convenir à qn**	*to suit sb.*
une rubrique	*heading*	**en caractères gras**	*in bold type*
l'immobilier (m.)	*real estate, property*	**rouennais(e)**	*of Rouen*
faire appel à	*to call on*	**le 16ème (arrondissement)**	*the 16th district (in Paris)*
remplir une fiche	*to fill in a form*	**(de) grand standing**	*luxury (office block)*
une facture	*invoice, bill*	**le rez-de-chaussée**	*ground floor*
un emplacement	*site, location*	**courant(e)**	*common, usual*
paraître	*to appear, be published*	**le service comptabilité**	*accounts department*
une taille	*size*	**s'inquiéter**	*to worry*
le rapport qualité-prix	*quality-price ratio*	**faire le nécessaire**	*to do what is necessary*
		faire confiance à qn	*to trust sb.*

Conversation téléphonique

PA: L'employé *au service petites annonces du* Figaro	**SV:** **Stéphanie Vernet**, *secrétaire de la Société Marcale*

PA Allô, les petites annonces du *Figaro*. J'écoute.

SV Allô, bonjour, Monsieur. Je suis Stéphanie Vernet, la secrétaire du directeur technique de la Société Marcale à Rouen, et je désirerais passer une annonce dans votre journal.

PA Sous quelle rubrique, s'il vous plaît?

SV Immobilier d'entreprise: Bureaux, Achats.

PA Très bien, et quel type d'annonce désirez-vous placer?

SV Eh bien, c'est la première fois que nous faisons appel à vos services, et j'aimerais savoir si je dois remplir et vous envoyer une fiche ou si je peux passer l'annonce au téléphone.

PA Le plus simple serait de passer l'annonce au téléphone, et puis nous vous enverrons la facture.

SV C'est parfait, puisqu'il s'agit d'une affaire urgente. Je voudrais aussi des renseignements sur le prix. Je suppose qu'il dépendra de l'emplacement de l'annonce et de la date à laquelle paraîtra le journal?

PA Vous avez tout à fait raison, cela dépend du nombre de mots utilisés, ainsi que des caractères et bien sûr de la taille de l'annonce. Mais je peux vous dire que le meilleur rapport qualité-prix en ce qui vous concerne serait l'édition du samedi.

SV Cela me convient. Puis-je vous lire le texte de mon annonce?

PA Bien sûr, mais auparavant pourriez-vous me donner l'emplacement et le caractère de votre annonce?

SV Est-il possible de la placer en milieu de page et en caractères gras?

PA Sans aucun problème.

SV Je vous lis donc l'annonce: Urgent. Entreprise rouennaise recherche à Paris, dans le seizième ou le dix-septième, bureaux professionnels comprenant une grande réception, grand standing, avec parking, proches du métro et du RER. De préférence au rez-de-chaussée.

PA ... au rez-de-chaussée. Très bien, Madame, avec toutes les abréviations courantes, je suppose.

SV Tout à fait.

PA A qui dois-je envoyer la facture?

SV Envoyez-la au service comptabilité de la Société Marcale, 52, Avenue Pasteur, Rouen, à l'attention de Robert Bruneau: B-R-U-N-E-A-U. J'aurais voulu que cette annonce paraisse samedi car nous devons ouvrir ce bureau le mois prochain.

PA ... B-R-U-N-E-A-U. Ne vous inquiétez pas, Madame, nous ferons le nécessaire. Merci de nous faire confiance. Au revoir, Madame.

SV Au revoir, Monsieur, et merci.

REMARQUES

allô (*hello*): used only on the telephone

une annonce (*an announcement, advertisement*): note also **les petites annonces** (*classified ads*) and that **un avertissement** is *a warning*

j'écoute (lit. *I'm listening*): an alternative for **puis-je vous aider?**

vous envoyer: like **remplir, envoyer** is dependent on **je dois**, that is, *if I should send you*; not to be confused with **vous envoyez** (*you send*)

nous vous enverrons: note the irregular future of **envoyer**

il dépendra de: note the use of the preposition **de** where English uses *to depend on*, and that the preposition is repeated before **la date**

la date à laquelle paraîtra le journal (lit. *the date at which will appear the newspaper*): note the common inversion of subject and verb after a relative pronoun, and that **laquelle** agrees with **date**

cela dépend du nombre: cf. above **il dépendra de l'emplacement**

bien sûr: distinguish between **bien** (*well*) and **sûr** (*sure*) as separate words, and **bien sûr** (*of course*) as an expression

le meilleur rapport qualité-prix: lit. *the best quality-price ratio*

dans le 16ème ou le 17ème (*in the 16th or 17th arrondissement*): an **arrondissement** is a district within a town, here to the west and north of Paris respectively and part of the business area in Paris

comprenant une grande réception: besides meaning *to understand*, **comprendre** can also mean *to include*

dois-je envoyer?: since **dois-je** is pronounced as one syllable, **je** and **envoyer** are not run together; cf. **puis-je?**

j'aurais voulu que: an even more polite version of **je voudrais que**

cette annonce paraisse (subjunctive of **paraître** after **vouloir que**)

nous ferons le nécessaire (lit. *we will do the necessary*): a useful, catch-all expression

EXERCICE 5   Entraînement grammatical

Traduisez en français les phrases suivantes selon le modèle.

A   *Ne vous inquiétez pas, je ferai le nécessaire.*

- Don't put yourself out, she'll make out a list.
- Don't bother, they'll make an offer.
- Don't concern yourself, I'll do my best.
- Don't overdo it, he'll do the necessary.
- Don't get cross, we'll make the drawings.
- Don't go away, I'll do all I can.

B   *J'aimerais savoir si je dois remplir une fiche.*

- She would like to know if she should leave.
- Would you like to know if you should buy them?
- They would like to know if they should stay.
- We would like to know if we should sell them.
- I would like to know if I should send a fax.
- He would like to know if he should rent it.

VERBES PROPOSÉS

s'en aller/faire tout son possible
se casser la tête/faire le nécessaire
se déranger/faire une liste
se fâcher/faire les dessins
se gêner/faire une offre
se préoccuper/faire de son mieux

3.3 Choisir des locaux

Scénario

Quelques jours plus tard, Stéphanie Vernet est contactée
par téléphone par Claude Maurin de l'agence immobilière
André Delastre.

EXERCICE 6   Questions sur la conversation

1 Pourquoi M. Maurin contacte-t-il Mme Vernet?

2 Où se situe le premier bureau proposé?

3 Et le deuxième?

4 Ces deux bureaux sont-ils disponibles immédiatement?

5 Sont-ils à vendre?

6 Sont-ils meublés?

7 Quel bureau Mme Vernet préfère-t-elle?

8 Comment lui enverra-t-on le descriptif de ce bureau?

9 Pour qui Mme Vernet prend-elle rendez-vous?

10 Comment peut-on se rendre au bureau?

LEXIQUE

à l'appareil	*speaking (on the telephone)*
proposer	*to suggest, offer*
ne quittez pas	*don't hang up (on telephone)*
un bloc-notes	*notepad*
disponible	*available*
à partir de	*as from (time, date)*
tout proche de	*very close to*
rénover	*to renovate*
signaler	*to point out (sth. to sb.)*
puisque	*as, since*
une affaire urgente	*an urgent matter*
meubler	*to furnish*
utilisable	*usable*
les installations électriques	*electrical fittings*
l'informatique (f.)	*data processing (facilities)*
moquetter	*to carpet (a room)*
a priori	*on the face of it*
un descriptif	*descriptive brochure*
faire visiter à qn	*to show sb. around*
un acquéreur	*buyer, purchaser*
prendre rendez-vous	*to make an appointment*
dès que	*as soon as*

REMARQUES

votre annonce parue (votre annonce qui est parue): paru is the past participle of **paraître**

bien entendu: distinguish between **bien** (*well*) and **entendu** (*heard*), as separate words, and **bien entendu** (*of course*) as an expression; cf. **bien sûr**

celui de la rue de Courcelles: note that **celui** stands for **le bureau**, that is, *the one in the rue de Courcelles*

a priori (*on the face of it*): a Latin expression widely used in French

nous conviendrait mieux: the adverb **mieux** (*better*) is used as it qualifies a verb, whereas the adjective **meilleur** (*better*) qualifies a noun, for example, **un meilleur bureau**

nous avons déjà fait visiter ce bureau (lit. *we have already made to visit this office*): note that in the French expression, the office is shown to the other clients

descendez à Pereire: note that **descendre** is used for getting out of a means of transport, and that **Pereire** is the name of a boulevard as well as of a metro station

dès que mon directeur aura étudié: the future perfect is used in French after **dès que** when the verb in the main clause is in the future (**je confirmerai**); cf. also **aussitôt que, quand, lorsque, après que**

Conversation téléphonique

SV: Stéphanie Vernet, *secrétaire à la Société Marcale* **CM: Claude Maurin**, *directeur commercial à l'Agence Delastre*

SV Allô, Société Marcale. Puis-je vous aider?

CM Bonjour, Madame, ici Claude Maurin de l'Agence Immobilière André Delastre. C'est au sujet de votre annonce parue dans *Le Figaro* de samedi.

SV Bonjour, Monsieur. Madame Vernet à l'appareil. C'est pour les bureaux que nous recherchons?

CM C'est cela. Je téléphone pour vous proposer deux immeubles qui seraient susceptibles de répondre à vos besoins.

SV Très bien, ne quittez pas, je prends mon bloc-notes. Les bureaux sont vides?

CM Oui, bien entendu. Alors, le premier est situé Porte Dauphine, dans le seizième, près du métro et du RER, au premier étage d'un immeuble de bureaux, disponible à partir du 1er octobre, huit bureaux sur 280 m².

SV ... huit bureaux sur 280 m². Et le deuxième?

CM Alors, il se trouve rue de Courcelles, dans le dix-septième, tout proche du métro et du RER également, 240 m² divisibles, au rez-de-chaussée, dans un immeuble entièrement rénové avec parking. Il est disponible immédiatement.

SV Ces bureaux sont à vendre, n'est-ce pas?

CM Excusez-moi, j'aurais dû vous le signaler: le premier est à louer, mais puisque vous avez indiqué qu'il s'agit d'une affaire urgente, nous avons voulu vous le proposer.

SV Est-ce que ces deux bureaux sont meublés?

CM Le premier est complètement meublé, alors que celui de la rue de Courcelles est vide, mais directement utilisable avec toutes les installations électriques, ainsi que téléphone, informatique, fax, e-mail, et il est entièrement moquetté.

SV A priori, je pense que le deuxième bureau nous conviendrait mieux. Pourriez-vous nous faxer le descriptif le plus tôt possible?

CM Certainement, j'ai votre numéro de fax dans l'annonce. Je devrais vous signaler aussi que nous avons déjà fait visiter ce bureau à deux ou trois acquéreurs potentiels.

SV Justement, je voudrais prendre rendez-vous pour le directeur technique. Jeudi prochain, à 11 h 30, c'est possible?

CM Tout à fait, Madame. Le bureau se trouve au 253, de la rue de Courcelles. Si vous prenez le métro, descendez à Pereire; si vous venez en voiture, le parking se trouve derrière le bâtiment.

SV Très bien, Monsieur, je confirmerai le rendez-vous dès que mon directeur aura étudié vos propositions.

CM Vous les recevrez cet après-midi. Merci, Madame, et au revoir.

EXERCICE 7　Entraînement grammatical

Traduisez en français les phrases suivantes selon le modèle.

A *Je le confirmerai dès qu'il les aura étudiés.*

- She'll send it as soon as you have read it.
- We'll contact you when he's received them.
- They'll look for them when she's sent the dates.
- You'll see them as soon as we have photocopied them.
- I'll point it out when they have brought it.
- He'll phone her when I've found them again.

B *J'aurais dû vous le signaler.*

- He should have sold it to us.
- You should have sent them to her.
- They should have brought them to me.
- We should have faxed it to them.
- She should have rented it to you.
- I should have sent them back to them.

3.4 Mobilier de bureau

Traduisez en anglais la réponse du fournisseur ci-dessous.

FOURNITURES ET EQUIPEMENT DE BUREAU

A l'attention de Madame Gilbert

Madame,

Nous avons bien reçu votre demande de renseignements par téléphone au sujet de mobilier de bureau. Nous vous prions de trouver ci-joint la documentation sur les produits qui ont retenu votre attention.

Quand il s'agit d'acquérir vos fournitures de bureau, consultez vite notre nouveau catalogue Buromode. Il contient plus de 2 000 références qui vous permettront de meubler vos bureaux et de découvrir tous les outils nécessaires à votre efficacité. Côté prix, il vous réserve vraiment de bonnes surprises.

Buromode est concessionnaire exclusif PALAIS, meubles en bois et en acier, classeurs, sièges, rayonnages et vestiaires. Buromode est également un papetier CITE, proposant toutes les fournitures de bureau, d'informatique et de dessin à des prix compétitifs.

Buromode vous propose des idées lumineuses pour tous vos besoins en lampes de bureau fonctionnelles et esthétiques qui offrent un éclairage efficace et économique, sans échauffement ni fatigue oculaire.

Buromode, c'est aussi un réseau de 80 points de vente dans toute la France. Chez Buromode, vous profiterez toute l'année de prix exceptionnels. Quelques-unes de nos offres spéciales sont détaillées dans les dépliants joints à cette lettre.

Dans l'attente de votre réponse, nous vous prions d'agréer, Madame, l'expression de nos sentiments distingués.

Le Directeur commercial
Jacques DESGRANGES

L E X I Q U E

le mobilier de bureau	*office furniture*	**le dessin**	*drawing, design*
un fournisseur	*supplier*	**une idée lumineuse**	*brilliant idea*
les fournitures de bureau	*office supplies, stationery*	**une lampe de bureau**	*desk lamp*
trouver ci-joint	*to find enclosed*	**esthétique**	*attractive (design)*
retenir l'attention de qn	*to interest sb.*	**un éclairage**	*lighting*
acquérir	*to purchase, buy*	**efficace**	*efficient*
meubler	*to furnish (office)*	**un échauffement**	*overheating*
un outil	*instrument, aid, tool*	**la fatigue oculaire**	*eye-strain*
l'efficacité	*efficiency*	**un réseau**	*network*
côté prix	*as for the prices*	**un point de vente**	*point of sale, retail outlet*
un concessionnaire	*agent, dealer*	**profiter de**	*to take advantage of*
en acier	*(made of) steel*	**exceptionnel(-elle)**	*bargain (price)*
un classeur	*filing cabinet*	**détailler**	*to detail, set out*
un siège	*chair, seat*	**un dépliant**	*leaflet*
un rayonnage	*set of shelves, shelving*	**joint(e) à**	*enclosed with*
un vestiaire	*coat stand, locker*	**dans l'attente de**	*looking forward to*
un papetier	*stationer*	**le directeur commercial**	*sales manager*
l'informatique (f.)	*computing, IT*		

EXERCICE 9   Aménagement des bureaux

Traduisez en français la note de service ci-dessous.

For the attention of the Technical Manager

I would like to finalize today the arrangements for fitting out our new offices in the 17th *arrondissement*. That will give us time to contact all the suppliers.

We have to furnish three communicating offices, and a meeting room. Given that we are somewhat short of space, the meeting room will also serve as a staff room. We can also put the bulky equipment in it.

For the secretary's office, I suggest a secretarial position made up of a work surface and typing unit. For our marketing people, we could purchase two medium-sized desks to be placed head-to-tail so as to save space. For the manager, I would suggest a larger desk, since he will spend a high proportion of his working day at it. We will then need four good-quality chairs, swivel chairs for greater ease of use and comfort. Let's add a halogen desk lamp for each of them.

For the meeting room, we need either one reasonably large table or five small tables which we could set up in a U-shape. And ten or twelve chairs, stackable ones so that they would take up less room.

I enclose the catalogue from Buromode which offers very good office furniture, often at attractive prices. The special offers are worth considering, provided that the items suit our needs. We should nevertheless contact other suppliers in order to take advantage of competitive pricing.

I should be grateful if you would reply by the end of the week.

Anne GILBERT
Purchasing department

LEXIQUE PROPOSE

une bonne partie	halogène
les commerciaux (*mpl.*)	mettre au point
disposer en U	moyen(-enne)
disposer tête-bêche	ne pas être à négliger
empilable	un plan de travail
étant donné que	un poste de secrétariat
être reconnaissant(e)	un retour dactylo
une facilité	une salle de repos
faire jouer la concurrence	une salle de réunion
un fauteuil tournant	de taille importante
gagner de la place	

ASSIGNMENT NO. 3

Bureaux commerciaux

Situation

You are employed at PARFREY, an export firm in the UK, and have been given the responsibility for setting up an office for a sales and marketing team in or near Paris.

Task 1
Memo in English

Study the attached documentation and draft a memo for your Head of Section outlining the advantages and disadvantages of the two premises described.

Task 2
Telephone conversation in French

Phone the Olivier Théron estate agency to discuss your requirements and make an appointment for your Head of Section to visit either or both of the premises.

Task 3
Discussion in French

Visit the local secretary recently appointed to run the office in order to discuss all the arrangements to be made for the administration and furnishing of the premises chosen.

Task 4
Memo in French

Write a memo to the French secretary confirming the office furniture to be purchased, the date for opening the office and the working hours for all staff.

NB Invent all details as required: names, addresses, dates, furniture selected, working hours, etc.

LEXIQUE	
équipé(e)	*equipped, fitted*
une durée	*duration*
la banlieue	*suburbs*
le Parc des Expositions	*Exhibition Park*
à usage de	*usable as, for*
les frais notaires (mpl.)	*solicitor's fees*

OLIVIER THÉRON
AGENCE IMMOBILIÈRE

Monsieur le Directeur,

Nous accusons réception de votre courrier du 12 avril dernier, et nous avons le plaisir de vous faire parvenir les propositions suivantes pour bureaux commerciaux. Ils se situent à Paris, centre et environs, et seraient susceptibles de convenir à vos besoins.

1 **A PARIS**	2 **EN BANLIEUE**
Rue de Vaugirard (15e)	Villepinte (93)
Métro le plus proche: Pasteur	Aéroports Roissy-CDG et Le Bourget à 10 mn
A 5 mn de la Gare Montparnasse	RER Ligne B3 à 5 mn
Bureaux équipés	Parc des Expositions à 5 mn
Locations toutes durées	Paris à 12 km par Autoroute A1
240 m^2 cloisonnés	Locaux commerciaux à usage de bureaux
Salles de réunion	250 m^2 – 8 bureaux
Disponibilité immédiate	Immeuble neuf de grand standing
Accès 24 heures sur 24	Disponible 1er mai
Parking privé	Vente ou location-vente possible
Téléphone, fax, e-mail	Frais notaires réduits

Veuillez trouver ci-joint notre prospectus qui vous fournira les détails de ces propositions ainsi que les conditions de vente ou de location.

Nous nous tenons à votre disposition pour vous faire parvenir toute information complémentaire sur nos services.

Nous vous prions de croire, Monsieur le Directeur, en l'assurance de nos sentiments les meilleurs.

le Directeur commercial
Jean-Pierre VALMY

4 Fiches techniques

Les impératifs de la concurrence ne laissent pas de possibilité d'erreur dans l'industrie et le commerce. Les fiches techniques et les cahiers des charges, par exemple, doivent être à la fois concis et précis. Les employés doivent apprendre, dès leur arrivée, à interpréter ces instructions et à mener à bien des projets où la moindre erreur peut être lourde de conséquences pour l'entreprise.

Alors que leurs collègues seront toujours disposés à les dépanner, l'on s'attend néanmoins à ce qu'ils se familiarisent vite avec leur nouvel environnement. Ils seront donc confrontés à des problèmes qui leur fourniront l'occasion de se pencher sur des aspects pratiques tels que l'équipement audio-visuel ou les mouvements et la gestion des stocks.

LEXIQUE

une fiche technique	*technical data sheet*
un cahier des charges	*conditions of contract, specifications*
mener à bien	*to complete (project)*
une entreprise	*firm, business*
être disposé(e) à	*to be willing to (help)*
s'attendre à ce que	*to expect that (sb. does sth.)*
néanmoins	*nevertheless*
fournir	*to provide, supply*
se pencher sur	*to study (sth.)*
la gestion	*running, management (of stock)*

REMARQUES

les impératifs de la concurrence: *the need to be competitive*, lit. *the requirements of competition*

peut être: distinguish between **peut être** (*may be, can be*) and **peut-être** (*perhaps*)

alors que: distinguish between **alors** (*then*), and **alors que** (*whilst, whereas*)

dépanner *to help out (a person):* also *to fix, repair (a broken-down car)*

l'on s'attend à: note that **l'on** is often used for the sound, but the **l'** adds no further meaning

à ce qu'ils se familiarisent: subjunctive used after **s'attendre à**; here it has the same form as the indicative

leur nouvel environnement: note the form **nouvel** before a masculine noun beginning with a vowel

EXERCICE 1   Phrases-clés

Retrouvez ces phrases-clés dans le texte.

1   technical data sheets

2   trade and industry

3   specifications

4   to complete projects

5   the slightest error

6   to have serious consequences

7   to help sb. out

8   their new environment

9   practical equipment

10 audiovisual equipment

11 stock movements

12 stock control

4.1   La nouvelle boîte de café

Scénario

Andrée Portier du service technique chez la société Cardonne
envoie à Alain Leroy du service logistique la fiche technique de la
nouvelle boîte de café ainsi que ses recommandations pour
l'exécution de ce projet.

N o t e   d e   s e r v i c e

SOCIÉTÉ CARDONNE

De la part de: Andrée Portier du service technique
A l'attention de: Alain Leroy du service logistique
Date: Le 27 mai
Objet: Décor de la nouvelle boîte de café

Voici les informations les plus importantes de la fiche technique concernant la nouvelle marque de café, qui sera lancée sur le marché japonais au mois de septembre prochain:

- logo de l'entreprise (nom du café à décider le mois prochain)
- conditionnement: boîte carton luxe
- couleurs: vieil or et marron foncé
- illustration similaire à celle du paquet «Galon d'Or»
- poids net: 250 g
- dimensions: 15 × 8 × 4,5 cm
- date de péremption (obligatoire)
- conseils de dosage
- ingrédients
- mention: «Offre Spéciale: Satisfait ou Remboursé»
- code barres

Remarques

1   Ce projet conviendra parfaitement, en tant que projet d'introduction, à votre nouvel employé Georges Maynard.
2   Pour les articles de conditionnement, il fera appel à notre fournisseur habituel qui viendra à l'usine pour une réunion à ce sujet, en présence de notre acheteur.
3   Une fois le décor terminé, il devra organiser une présentation du design graphique dans la salle audio-visuelle.
4   Communiquez à votre personnel la nécessité d'attacher une importance particulière à ce marché difficile mais prometteur.
5   Demandez à votre nouvel employé de se familiariser avec tout l'équipement audio-visuel et de télécommunications le plus tôt possible.
6   Assurez-vous que les autres membres du service se tiennent à sa disposition pour lui donner toute assistance nécessaire.

L E X I Q U E

une note de service	*memorandum*	**rembourser**	*to repay, give a refund*
le décor	*artwork*	**le code barres**	*bar code*
une marque	*brand (of product)*	**convenir à qn**	*to suit sb.*
lancer	*to launch (a product)*	**les articles de**	*packaging components*
le conditionnement	*packaging, presentation*	**conditionnement**	
vieil or	*old gold*	**faire appel à**	*to call upon, bring in*
marron foncé	*dark brown*	**un fournisseur**	*supplier*
le poids net	*net weight*	**s'assurer que**	*to make sure that*
la date de péremption	*use-by date, best before*	**se tenir à la disposition**	*to be at sb.'s disposal*
le dosage	*amount, measurement*	**de qn**	

R E M A R Q U E S

au mois de septembre: French often uses **au mois de** where *in September*, etc. is sufficient in English

à décider: the name of the coffee is *to be decided*

vieil or: note the use of **vieil** before a masculine noun beginning with a vowel

à celle de (*to that of*): **celle** agrees with **illustration**

Galon d'Or lit. *Stripe of Gold* or *Golden Stripe*

15 × 8 × 4,5: note that × here stands for **sur**; and **4,5** for **quatre virgule cinq** (*four point five*)

les articles de conditionnement: the various components used in the **conditionnement** (*packaging*) of the finished product

une fois le décor terminé: the past participle alone, that is, **terminé** without **que . . . a été**, is sufficient in French

toute assistance nécessaire: note that **toute** is used here with the meaning of *any (assistance) whatsoever; all the necessary assistance* would be **toute l'assistance nécessaire**

E X E R C I C E 2   P h r a s e s - c l é s

Retrouvez ces phrases-clés dans le texte.

1 a coffee packet

2 a brand of coffee

3 the net weight

4 best-before date

5 satisfied or money back

6 the bar code

7 the packaging components

8 a promising market

E X E R C I C E 3   E n t r a î n e m e n t   o r a l

Répondez aux questions suivantes selon le modèle.

A *Andrée Portier, pouvez-vous m'épeler, s'il vous plaît?*

Oui, certainement, A-N-D-R-É-E P-O-R-T-I-E-R

- Alain Leroy
- Georges Maynard
- la Société Cardonne
- vieil or
- marron foncé
- Galon d'Or

B *Quelle sera l'illustration du nouveau paquet?*

Elle sera similaire à celle du paquet Galon d'Or.

- couleurs/boîte Ecran
- poids net/carton Clavier
- ingrédients/tube Variations
- forme/flacon Mélodie
- dimensions/bouteille Goélette
- design graphique/paquet Voilier

4.2 **Au service logistique**

Scénario

Lorsque Georges Maynard, récemment nommé à la société
Cardonne, reçoit la fiche technique de l'emballage d'un nouveau
produit, il est obligé de demander des explications à Sylvie Leblanc
du service logistique afin d'en concevoir le décor.

E X E R C I C E 4 Q u e s t i o n s
s u r l a d i s c u s s i o n

1 De quel projet a-t-on chargé Georges
  Maynard?
2 Qu'est-ce que la société Allier?
3 Quel coffret Mme Leblanc montre-t-elle à
  M. Maynard?
4 Quel type de boîte faudra-t-il?
5 A-t-on décidé de la taille de la boîte et du nom
  du café?
6 Où faudra-t-il positionner le texte et les détails
  techniques?
7 Où faudra-t-il mettre le code barres?
8 Quelle instruction Mme Leblanc donne-t-elle
  pour l'impression?
9 Quelle rencontre faudra-t-il organiser?
10 Quand Mme Leblanc demande-t-elle à
   M. Maynard de revenir?

L E X I Q U E	
un emballage	*packaging*
concevoir	*to design (product)*
le décor	*artwork*
à propos de	*about, concerning*
charger qn de qch.	*to give sb. the job of*
	doing sth.
un coffret de présentation	*presentation box, pack*
la menthe	*mint*
un ton	*tone, shade*
un motif	*(decorative) pattern*
régler	*to settle, sort out*
une face	*face, side*
un fond	*bottom (of box)*
une mention	*note, wording*
une impression	*printing, text*
une exigence	*demand, requirement*
particulier(-ière)	*special, specific*
un marché cible	*target market*
pointilleux(-euse)	*particular, careful*
une livraison	*delivery*
imprimer	*to print*
à l'envers	*the wrong way round*
revoir	*to go over, review*

Discussion au service logistique

GM: Georges Maynard, *nouvel employé au service logistique* **SL: Sylvie Leblanc**, *également du service logistique*

GM Bonjour, Madame Leblanc, je viens vous consulter à propos d'un projet dont on m'a chargé.

SL Bonjour, Monsieur Maynard, de quoi s'agit-il exactement?

GM Je suis responsable du décor de la boîte d'un nouveau café très haut de gamme destiné au marché japonais, mais je ne sais vraiment pas par où commencer.

SL Avez-vous étudié les réalisations de la société Allier, notre principal fournisseur en articles de conditionnement?

GM J'ai lu leur dernière brochure mais je n'y ai rien trouvé.

SL Voici le coffret de présentation qu'ils ont créé pour notre société pour le thé à la menthe Rambouillet, qui pourrait vous servir de modèle. De quel conditionnement auriez-vous besoin?

GM Selon la fiche technique, j'aurais besoin d'une boîte de luxe dans les tons vieil or et marron foncé avec motif rappelant un dîner intime dans un restaurant français.

SL Je crois qu'il faudra que vous rencontriez le fournisseur, mais nous pouvons régler certains détails maintenant. Quelles seront les dimensions de la boîte?

GM Quinze sur huit sur quatre virgule cinq centimètres. Mais je ne connais pas le nom du café.

SL Je doute qu'il soit encore décidé, mais vous avez le texte et tous les détails techniques, n'est-ce pas?

GM Oui, mais quelle est la présentation habituelle ici?

SL Vous mettrez le nom du café sur la face avant, ainsi que le logo, la nature du produit et le poids net; sur la face arrière, les conseils de dosage et les ingrédients un peu plus bas; et sur le fond, la mention «A consommer de préférence avant fin:», suivie de notre adresse.

GM Et le code barres, on le met où?

SL Vous pouvez le positionner sur le côté gauche. De toute façon, vous faxez tous ces renseignements au fournisseur afin qu'il vous présente différentes possibilités de couleur et d'impression.

GM Pas d'exigences particulières pour l'impression?

SL Justement, j'aimerais attirer votre attention sur le fait que le Japon est notre marché cible le plus important. Il faudra que vous soyez extrêmement pointilleux pour l'impression des caractères japonais. On nous a refusé une livraison le mois dernier car les conseils de préparation avaient été imprimés à l'envers.

GM Je vois le problème. Dans ce cas, je lui faxe aussi la version pour le marché japonais de façon à ce qu'il puisse nous présenter plusieurs options.

SL Vous pouvez l'inviter à nous rendre visite. Il faudra aussi organiser une rencontre entre notre acheteur et le fournisseur pour discuter de l'emballage.

GM Madame Leblanc, je ne sais pas comment vous remercier.

SL Mais ce n'est rien. Passez me voir avant l'arrivée du fournisseur, afin qu'on puisse revoir tout cela.

REMARQUES

un projet dont on m'a chargé (*a project that I've been put in charge of*): the relative pronoun **dont** is used as the verb **charger** takes the preposition **de**

de quoi s'agit-il?: note that **il s'agit de** is an impersonal construction meaning *it concerns, it is a question of*; in the interrogative form, **de quoi** precedes the inversion **s'agit-il?**

responsable du décor: French uses the preposition **de** after **responsable** where English uses *for*

haut de gamme (*top of the range, upmarket*): the opposite is **bas de gamme**

destiné au marché japonais: *intended for, aimed at the Japanese market*

par où commencer (lit. *by where to begin*): note **commencer par** *to begin by (sth.), by (doing sth.)*; similarly, **finir par**

une réalisation: work or project carried out, that is, *achievement, creation, construction*

servir de modèle: note that **servir** is followed by the preposition **de** to translate the English *to serve as, to be used as*

que vous rencontriez: subjunctive of **rencontrer** after **il faudra**; the present subjunctive is used (not a future)

qu'il soit encore décidé: subjunctive (here of **être**) after **je doute**

vous mettrez: a common use of the future for a command

la face avant (*the front*): **avant** is used as an invariable adjective, that is, it cannot agree with **face**

à consommer (*to be consumed*): cf. **nom du café à décider**

suivie de: note that **suivie** agrees with **mention**; note also the preposition **de** for the English *followed by*

on le met où?: a colloquial version of **où le met-on?**

vous faxez: a common use of the present tense for a command, as opposed to **vous mettrez** above

différentes possibilités: note that, when used in the plural before the noun, the adjective **différents(-es)** has the meaning of *various*; cf. **les différents services**

que vous soyez: subjunctive (here of **être**) after **il faudra**

je lui faxe: note the use of the present for a future meaning

à ce qu'il puisse: subjunctive (here of **pouvoir**) after **de façon à**

avant l'arrivée du fournisseur (lit. *before the arrival of the supplier*): cf. **après/dès son arrivée** (*after/as soon as he arrives*)

afin qu'on puisse revoir: subjunctive after **afin que**

EXERCICE 5   Entraînement grammatical

Traduisez en français les phrases suivantes selon le modèle.

A   *Elle les mettra sur la face avant du paquet.*

- Put it on the left side of the presentation box.
- She put them on the top of the plastic tube.
- Couldn't you put it on the front of the screen?
- Don't put them on the bottom of the bottle.
- I'll put it on the back of the flour bag.
- We had put them on the right side of the glass jar.

B   *Passez me voir avant l'arrivée du fournisseur.*

- Come and see me after the secretary leaves.
- Go and see her before they get back.
- Go and see them as soon as she arrives.
- Come and see us after the executives get back.
- Go and see him before we leave.
- Go and see them as soon as the photographer arrives.

4.3 Préparer la salle audio-visuelle

Scénario

Après avoir créé la nouvelle boîte, Georges Maynard s'adresse à Denise Roblin du service technique qui a entrepris de lui expliquer comment préparer la salle audio-visuelle pour faire une présentation du décor choisi.

EXERCICE 6   Questions sur la démonstration

1 Quel conseil Mme Roblin donne-t-elle pour l'installation du projecteur de diapositives?

2 Pourquoi M. Maynard fait-il un premier essai?

3 Quelle erreur commet-il? Comment la rectifier?

4 A quoi sert le bouton rouge?

5 Comment règle-t-on la mise au point?

6 Comment règle-t-on le temps de passage de chaque diapo?

7 Comment la préparation et la projection d'un transparent se font-elles?

8 Où se trouve la prise multiple? A quoi sert-elle?

9 Comment peut-on écrire quelque chose ou faire des dessins?

10 Quelle photocopieuse Mme Roblin recommande-t-elle?

LEXIQUE

s'adresser à	to speak to, go and see	la mise au point	focus, focusing
un conseil	(piece of) advice	agrandir	to enlarge
un appareil	(piece of) equipment	une série	set, collection
une diapositive	slide	une bande sonore	soundtrack
un plan de travail	work surface	à l'avance	in advance, beforehand
prêt(e) à l'emploi	ready for use	le temps de passage	viewing, showing time
un écran	screen	un rétroprojecteur	overhead projector
un panier	magazine (for slides)	un transparent	transparency
une image	image, picture	une glace	(sheet of) glass
à l'endroit	the right way round	une imprimante	(computer) printer
sinon	otherwise, or else	à propos	by the way, incidentally
un essai	attempt, test	brancher	to plug in, connect
un bouton marche-arrêt	on/off button, switch	débrancher	to unplug, disconnect
avancer	to move, bring forward	après usage	after use
s'attendre à qch.	to expect sth.	sûr(e)	safe
à l'envers	the wrong way round	une prise	(electricity) plug
retirer	to withdraw, remove	une prise multiple	adaptor (with more than one socket)
dans l'autre sens	the other way round		
reculer	to move back	une étiquette	label
revenir sur	to go back over	un dessin	drawing
flou(e)	blurred, out of focus	un tableau papier	flip chart
il suffit de	all you have to do is to	un rechange	change of, spare (paper)
appuyer sur	to press, push	un feutre	felt-tip pen
régler	to adjust	une papeterie	stationery store

Démonstration au service technique

DR: **Denise Roblin** *du service technique*	**GM:** **Georges Maynard,** *nouvel employé au service logistique*

DR Bonjour, Monsieur Maynard, comment puis-je vous aider?

GM Bonjour, Madame Roblin, je dois préparer la salle audio-visuelle pour la présentation de la boîte du nouveau café. Madame Leblanc m'a dit de m'adresser à vous pour avoir des conseils sur l'utilisation de tous les appareils.

DR Commençons par le projecteur de diapositives. Nous l'installerons sur ce plan de travail. Voilà, il est prêt à l'emploi, et bien positionné en direction de l'écran.

GM D'accord. Et où vont les diapos?

DR Vous les mettez dans ce panier que vous placez dans l'appareil en faisant bien attention à ce que l'image apparaisse à l'endroit, sinon il faudra tout recommencer.

GM Il vaudrait peut-être mieux que je fasse un premier essai.

DR D'accord. Alors, le bouton marche-arrêt se trouve ici, et celui-là vous permet d'avancer le panier.

GM Ah, je m'y attendais – les diapos sont à l'envers.

DR Retirez le panier, tournez les diapos dans l'autre sens et, voilà, ça y est cette fois! Notez que ce bouton rouge vous permet de reculer et de revenir sur l'une des diapos.

GM Oui, mais l'image est tellement floue.

DR Pas de panique! Il suffit d'appuyer sur ce bouton-là pour régler la mise au point. De plus, vous pouvez utiliser le zoom pour agrandir un détail de la diapo.

GM On m'a donné une série de vues avec une bande sonore.

DR Justement, ce bouton vert permet de faire avancer le panier automatiquement. Vous pouvez même programmer à l'avance le temps de passage de chaque diapositive.

GM J'ai compris. Il me faudra utiliser aussi le rétroprojecteur.

DR Celui-là est encore plus simple. Prenez ce transparent, mettez-le sur la glace dans ce sens, allumez et voilà, votre diagramme apparaît sur l'écran.

GM D'accord, et comment prépare-t-on les transparents?

DR Soit directement à l'imprimante, ou bien en photocopie.

GM A propos, on laisse tous ces appareils branchés?

DR Non, il vaudrait mieux les débrancher après usage, c'est plus sûr. La prise multiple se trouve là-bas, à côté de l'écran. Pour chaque prise, il y a une étiquette avec le nom de l'appareil.

GM Et si l'on veut écrire quelque chose ou faire des dessins?

DR Nous utilisons ce tableau papier – le papier de rechange et les feutres se trouvent à la papeterie.

GM Quelle photocopieuse dois-je utiliser?

DR Pour les meilleurs résultats, je vous conseille la mienne, c'est la plus sophistiquée. Euh, vous savez utiliser une photocopieuse?

GM Ah oui, pour les photocopieuses, là, pas de problème! Merci de votre aide, Madame Roblin.

REMARQUES

puis-je: note the inverted form of **je peux**

de m'adresser à vous: as it is not possible to combine any two of **me, te, se, nous, vous,** the indirect object is expressed by **à vous** placed after the verb

les diapos: a common abbreviation for **diapositives**

un panier (*magazine for slide projector*): also *basket*

que l'image apparaisse: subjunctive of **apparaître** after **faire bien attention à ce que**

que je fasse: subjunctive (here of **faire**) after **il vaudrait mieux que**

je m'y attendais (*I thought so*): a common expression from **s'attendre à** *to expect, be waiting for (sth.)*

ça y est: a common expression for *that's it, that's done*

il suffit de (lit. *it is sufficient to*): an impersonal construction for *all you have to do is, just*

on m'a donné (lit. *one has given me*): note that **j'ai été donné** would mean *I have been given away* (and therefore unlikely)

un diagramme (*graph* or *chart*): *diagram* in French is usually **un schéma** or **une figure**

sûr(e) (*safe*): other common meanings include *sure, certain, reliable*

une étiquette: *label* or *tag*, as well as *etiquette*

si l'on veut (*if you want*, lit. *if one wishes*): the use of **l'on** after a vowel is particularly common

de rechange: conveys the meaning of *spare, alternative, refill*

un feutre (*felt-tip pen*): from **le feutre** (*felt*)

dois-je utiliser: since **dois-je** is pronounced as one syllable, there is no apostrophe; compare with **j'utilise**

vous savez utiliser: note **savoir** followed by the infinitive (*to know how to do sth.*) and compare **pouvoir** followed by the infinitive (*to be physically able to do sth.*)

EXERCICE 7   Entraînement grammatical

Traduisez en français les phrases suivantes selon le modèle.

A   *Le rétroprojecteur? Celui-ci est encore plus simple.*

- The slides? These are even smaller.
- The magazines? Those are even cheaper.
- The projector? That one is even easier to use.
- The labels? Those are even more useful.
- The presentation? This one is even more complicated.
- The graph? This one is even harder to read.

B   *Quelles diapos? Les miennes sont dans ce panier.*

- Which projector? Hers is ready to use.
- Which pictures? Yours are the wrong way round.
- Which transparencies? Theirs are on the glass.
- Which graph? Mine is the right way round.
- Which adaptor? His is next to the screen.
- Which felt-tip pens? Ours are in the stationery store.

4.4   Promotion des ventes

Traduisez en anglais le matériel promotionnel ci-dessous.

LE SYSTEME DE CHAUFFAGE CENTRAL VITRY

Bientôt l'hiver. Etes-vous sûr de pouvoir payer vos factures d'énergie? Il ne dépend que de vous de dépenser moins en vous chauffant. Le chauffage central à eau chaude VITRY vous offre un système perfectionné avec une technologie éprouvée, un gros avantage lorsqu'on doit faire un investissement important.

Le principe? De l'eau, chauffée dans une chaudière, circule dans des tuyaux qui alimentent des radiateurs. C'est vous qui choisissez le combustible le plus avantageux pour votre habitation. Vous le choisissez en fonction des ressources de votre région. Et vous pouvez changer de combustible si vous y avez intérêt, si par exemple vous décidez plus tard d'installer des capteurs solaires.

D'entretien facile, le système VITRY vous garantit une chaleur bien répartie dans votre maison à un coût raisonnable. Protégé par une isolation thermique, il vous assure aussi de l'eau chaude en permanence dans votre cuisine comme dans votre salle de bains. Et en vous évitant toute surchauffe inutile, il vous permet de faire des économies considérables sur vos factures de chauffage.

Le chauffage central à eau chaude vous intéresse? Parlez-en à votre distributeur local qui vous donnera des conseils sur le modèle qui vous convient. Il vous expliquera tous les atouts de notre service après-vente et de notre service de dépannage. Pour recevoir notre nouvelle brochure gratuitement et sans engagement, retourner le bon ci-dessous dès aujourd'hui.

L E X I Q U E

le chauffage	*heating*	**bien réparti(e)**	*evenly distributed*
une facture	*bill, invoice*	**une isolation thermique**	*thermal insulation*
dépenser	*to spend (money)*	**assurer**	*to provide, guarantee*
se chauffer	*to warm o.s.*	**en permanence**	*constantly*
perfectionné(e)	*advanced (system)*	**éviter qch. à qn**	*to save, spare sb. sth.*
éprouvé(e)	*tried and tested (technique)*	**une surchauffe**	*overheating*
		faire des économies	*to make savings, save (money)*
une chaudière	*(central heating) boiler*		
un tuyau	*pipe*	**donner des conseils**	*to give advice*
alimenter	*to feed, supply*	**convenir à qn**	*to suit sb.*
un combustible	*fuel*	**un atout**	*asset, advantage*
une habitation	*house, dwelling*	**un service après-vente**	*after-sales service*
en fonction de	*according to*	**un service de dépannage**	*home-repair service*
un capteur solaire	*solar cell, panel*	**gratuitement**	*free (of charge)*
l'entretien (m.)	*upkeep, maintenance*	**sans engagement**	*without obligation*
la chaleur	*heat*	**un bon**	*coupon*

E X E R C I C E   9   C o n d i t i o n s   d e   v e n t e

Traduisez en français le matériel promotionnel à la page 55.

L E X I Q U E   P R O P O S E

à portée de votre bourse	en promotion
bel et bien	entrer dans la vie quotidienne
une concurrence féroce	une gamme étendue
dans un rayon de	un paiement supplémentaire
l'électroménager (*m.*)	pièces et main-d'œuvre
un engagement	rembourser
fiable	une salle d'exposition
livrer	se tenir à la disposition de qn

Laroche™

DOMESTIC APPLIANCES

Washing machines, dishwashers, vacuum cleaners, microwaves and refrigerators, domestic appliances are now well and truly a part of everyday life. The appliances are becoming more and more sophisticated, the ranges wider and wider, and competition fiercer and fiercer. How can you choose the model which suits you best, and at a price which you can afford? Is the model on special offer when you visit the showroom really the one which meets your needs? Nor should you forget how important guarantees and after-sales service are. With Laroche, all that is taken care of.

OUR COMMITMENT

At the time of your purchase

You will find a large choice of models and qualified sales personnel ready to advise you.

After you have made your purchase

Our technicians are at your disposal to provide you with a prompt and reliable after-sales service.

OUR GUARANTEES

Labour and parts guarantee

- One-year free guarantee for small appliances
- Two-year free guarantee for large appliances
- Additional payment: guarantee extended to five years

Lowest price guarantee

If you find the same model on sale at a lower price somewhere else in your area and within 30 days of purchase, we will refund you twice the difference.

Delivery and installation

We deliver and install large appliances free of charge within a 50-mile radius.

ASSIGNMENT NO. 4

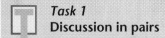

Accessoires de mode

Situation

You are employed at the Société Valette and have been instructed to design and commission a range of personalised accessories as set out in the attached memorandum.

Task 1
Discussion in pairs

Discuss the details of this project with the personnel manager, Thierry Fromentin, in order to finalize the aims, scope and deadline for your report.

Task 2
Conversation in pairs

After carrying out the survey, you report back to Thierry Fromentin with your analysis of the results of the questionnaire.

Task 3
Technical data sheets in French

Draw up the technical data sheets for the accessories which are to be forwarded to the supplier ARLYCK.

Task 4
Memorandum in English

Translate the memorandum into English so that the same exercise can be carried out in your UK subsidiary.

NB Invent all the details as required: figures, preferences, opinions, etc.

LEXIQUE

un comité d'entreprise	works' committee, council
émettre un avis	to put forward, express a view
veuillez remplir	kindly fill in, complete
confectionner	to make (the accessories)
en exclusivité	exclusively
le moyen de	the way to (do sth.)
la réalisation	carrying out, completion
un PIN'S	lapel badge
une amélioration	improvement
au sein de	(with)in
rayé(e)	striped
un foulard de soie	silk scarf
un sigle	(set of) initials, acronym
une écharpe	scarf
un nœud papillon	bow tie
un châle	shawl
une pochette	pocket handkerchief
un porte-clefs	key ring
une matière	material
la laine	wool
la sérigraphie	silkscreen printing
la broderie	embroidery
un écusson	badge
au verso	on the back (of the sheet)
un coloris	colour (scheme)
un parrainage	sponsorship
un pompier	fireman
un polo	polo shirt

De la part de: Thierry Fromentin, Chef du Personnel
A l'attention de: Tous nos employés
Date: 10 octobre …
Sujet: Accessoires de mode personnalisés

A l'occasion du 50ème anniversaire de la création de la Société Valette, le comité d'entreprise a décidé de commander une gamme d'accessoires de mode personnalisés.

Tous les membres de la Société sont maintenant invités à émettre leur avis sur le choix du design, du logo et des couleurs de ces accessoires. Afin de nous aider dans ces choix, veuillez remplir et retourner le questionnaire ci-dessous au service du personnel avant le 24 octobre.

Confectionnés par l'équipe de stylistes ARLYCK, et créés en exclusivité pour notre Société, ces accessoires seront le moyen de montrer l'unité et le dynamisme de notre entreprise.

Je vous remercie de votre assistance dans la réalisation de ce projet. Tous nos employés qui remplissent ce questionnaire recevront un PIN's à titre gratuit.

- -

I Cette amélioration apportera-t-elle une amélioration aux relations de travail au sein de l'entreprise?   OUI ☐   NON ☐

2 Accessoires préférés
- cravate rayée ☐
- cravate avec sigle ☐
- nœud papillon ☐
- pochette ☐

- foulard de soie ☐
- écharpe ☐
- châle ☐
- porte-clefs ☐

3 Matières préférées
polyester/coton/acrylique/laine _____

4 Personnalisation préférée
par sérigraphie/broderie/écusson _____

5 Quels accessoires seriez-vous prêt à acheter à des prix Société? _____

_____

6 Indiquez au verso vos suggestions pour le choix du logo.

7 Quels coloris proposeriez-vous? _____

8 Approuvez-vous le parrainage de nos équipes sportives et de l'équipe de pompiers par la distribution gratuite de:
- cravate rayée ☐
- polo avec sigle ☐

- foulard de soie ☐
- tee-shirt avec écusson ☐

5 Plan de production

L'époque où seule comptait la production constante et abondante est révolue. Les marchés à portée de main et la sécurité de l'emploi n'existent plus. Les entreprises sont dorénavant obligées de mettre l'accent sur la qualité, de se positionner de façon précise sur le marché, et d'adapter leurs plans de production en conséquence.

Il faut constamment réexaminer ces plans à la lumière des contraintes commerciales, conjoncturelles et techniques. Il faut aussi tenir compte du côté social de la production industrielle, savoir embaucher et garder une main-d'œuvre bien formée, bien informée et soucieuse de sauvegarder l'avenir de la société.

REMARQUES

l'époque où: besides meaning *epoch*, **époque** can refer, as here, to any period of time; note also the use of **où** to mean *when* after the definite article

où seule comptait la production: note the inversion of subject and verb after **où**, here a relative pronoun, and that **seule** qualifies **production** (not **époque**)

obligées de: the preposition **de** is repeated before the three following infinitives **mettre, se positionner** and **adapter**

conjoncturelles: from the noun **la conjoncture** (*the economic situation*)

savoir: means *to know how to (do sth.)* when followed by an infinitive

LEXIQUE

compter	to count, matter
abondant(e)	heavy (production)
être révolu(e)	to be over, past
à portée de main	within (easy) reach
l'emploi (m.)	employment
une entreprise	firm, business
dorénavant	from now on
mettre l'accent sur	to stress, put the emphasis on
se positionner	to position (o.s., one's goods)
en conséquence	accordingly
une contrainte	constraint, pressure
conjoncturel(-elle)	economic
tenir compte de	to bear in mind
embaucher	to take on, hire (personnel)
la main-d'œuvre	workforce
former	to train (personnel)
être soucieux(-euse) de	to be keen to (do sth.)
sauvegarder	to safeguard, protect
un avenir	future
une société	firm, company

EXERCICE 1   Phrases-clés

Retrouvez ces phrases-clés dans le texte.

1   a production plan

2   continual, heavy production

3   ready markets

4   job security

5   to put the emphasis on quality

6   to position themselves on the market

7   to adapt their plans accordingly

8   these plans need continual review

9   in the light of commercial pressures

10 to bear the social side in mind

11 a well-trained workforce

12 to protect the future of the company

5.1   Résultats d'une enquête

Scénario

Françoise Guyonnet, du service du personnel chez Cosmétiques Olivet, vient d'analyser les résultats d'une enquête menée auprès des employés de la société.

N o t e   d e   s e r v i c e

Sujet   Rapport et analyse de l'enquête menée le 18 février auprès des employés des Cosmétiques Olivet.

Objet   Recueillir les réactions des employés face à la mise en place d'un plan social.

ANALYSE

75% du personnel considère la situation actuelle de notre entreprise comme difficile, voire alarmante (11%). Ceci prouve que nos employés ont conscience de ce qui se passe et des enjeux qui en découlent. En fait, il est fort probable que les nombreuses fermetures d'usines dans la région, de même que la montée des chiffres du chômage, n'y soient pas étrangères.

La majorité du personnel (72%) souligne que l'amélioration de la situation dans laquelle se trouve notre société dépend en grande partie de facteurs internes tels que la qualité de nos produits ainsi que notre service clientèle.

Il est également important de noter que de nombreux employés (59%) déclarent qu'ils désireraient être tenus plus au courant et être davantage impliqués dans la vie de l'entreprise. La proposition concernant les cercles de qualité a retenu l'attention de 43% des employés qui s'affirment prêts à y assumer un rôle actif.

En cas d'aggravation de la situation, presque personne n'est en faveur d'un licenciement, ni d'une réduction de salaire (2%), ni de la cessation d'activité de l'entreprise (1%). Certains se disent favorables à une réduction de leur temps de travail (12%), surtout des femmes ayant des enfants en bas âge et séduites par l'idée de travailler à mi-temps. La préretraite retient l'attention de 9% du personnel mais il est à noter que seulement 14% de notre effectif a 50 ans ou plus.

La proposition d'un investissement supplémentaire fait l'unanimité parmi les employés qui refusent de s'avouer vaincus face aux difficultés actuelles. Ainsi les solutions qui l'emportent sont la mutation (23%), et surtout la possibilité d'effectuer un stage de recyclage (61%).

En général, les spécialisations choisies sont la qualité, la gestion de la production et l'informatique, ce qui apporterait les compétences nécessaires en vue d'améliorer la performance et permettrait l'implantation de matériel plus sophistiqué.

CONCLUSION

D'après l'analyse des résultats de cette enquête, nous pouvons en conclure que les grandes lignes de la nouvelle politique des Cosmétiques Olivet résident dans le reclassement, la formation et l'investissement. Il me paraît important d'ajouter que, 96% des questionnaires ayant été remplis, il semble y avoir une réelle volonté de participation de la part de nos employés.

Service du personnel

Françoise GUYONNET

L E X I Q U E

mener une enquête	to carry out a survey	**un salaire**	wage, wages
auprès de	among	**la cessation d'activité**	closing down (of company)
recueillir	to collect, obtain		
une mise en place	introduction, setting up	**séduire**	to appeal to
actuel(-elle)	current (situation)	**la préretraite**	early retirement
voire	and even, not to say	**un effectif**	workforce
avoir conscience de	to be aware of	**faire l'unanimité parmi**	to receive unanimous backing from
se passer	to happen		
un enjeu	issue, (what is at) stake	**s'avouer vaincu(e)**	to admit defeat
découler de	to follow, result from	**l'emporter**	to prevail
une fermeture	closing down (of business)	**une mutation**	transfer (within the company)
une montée	rise, increase	**effectuer**	to carry out
les chiffres du chômage	the unemployment figures	**un stage de recyclage**	retraining course
		la gestion de la production	production control, management
souligner	to stress, emphasize	**l'informatique (f.)**	information technology
une amélioration	improvement	**améliorer**	to improve
être tenu(e) au courant	to be kept informed	**l'implantation (f.)**	installation (of equipment)
davantage	more		
impliqué(e) dans	involved in	**d'après**	according to
une proposition	proposal	**une politique**	policy
un cercle de qualité	quality circle	**résider dans qch.**	to lie in sth.
retenir l'attention de qn	to appeal to sb.	**le reclassement**	redeployment (of workforce)
assumer un rôle	to take on, play a role (in sth.)		
		la formation	training
une aggravation	worsening	**une volonté**	will, determination
un licenciement	redundancy, dismissal		

R E M A R Q U E S

la situation actuelle: note that **actuel** means *current, present*; *actual* is usually rendered in French as **exact, réel**

voire: an adverb meaning *and even, not to say*; not to be confused with the verb **voir** (*to see*)

des enjeux qui en découlent: *of the associated issues*, lit. *of the issues which follow from it*

n'y soient pas étrangères (*are contributory factors to it*, lit. *are not foreign to it*): note the subjunctive of **être** after **il est fort probable que**

la majorité du personnel: note that **majorité** usually takes the verb in the singular

dans laquelle se trouve notre société: note the inversion of subject and verb; also that the forms of **lequel** are used after a preposition and that **laquelle** agrees with the preceding noun, **situation**

dépend . . . de facteurs internes: compare the preposition **de** in French with the preposition *on* in English

tels que: the agreement is with the preceding **facteurs internes**

de nombreux employés: note the use of the indefinite article **de**, and not **des**, before a plural adjective

en cas d'aggravation: *should the situation get worse*, lit. *in case of worsening*

personne n'est en faveur d': note that **personne ne**, without **pas**, is used when *nobody* is the subject of the verb; note also that **ni** is here used (twice) to join further negatives **ni d'une réduction . . . ni de la cessation**

certains se disent: the adjective **certains** here refers to **employés**; the verb is **se dire** (*to say one is, to claim to be*)

ayant des enfants (*having* or *who have*): **ayant** is the present participle of **avoir**

en bas âge: *very young (children)*, lit. *at a low age*

séduites: the past participle of **séduire** (*to appeal to, to captivate* as well as *to seduce*); the agreement is with **femmes**

à mi-temps: while **mi-temps** means *half-time*, **travailler à mi-temps** is taken to mean *to work part time*; **travailler à temps partiel** is also used

s'avouer vaincus: the past participle of **vaincre** (*to defeat, overcome*), **vaincu**, agrees here with the preceding **employés**

aux difficultés actuelles: cf. above **la situation actuelle**

les solutions qui l'emportent (*the most popular solutions*, lit. *the solutions which prevail*): note the inclusion of **l'** in this expression

la nouvelle politique: the noun **politique** can mean *politics* as well as, in this instance, *policy*

96% des questionnaires ayant été remplis (lit. *96% of the questionnaires having been completed*): the present participle is used here to give an explanation, that is, *since 96% of the questionnaires were completed*

il semble y avoir (*there seems to be*): a combination of **sembler** and **il y a**

EXERCICE 2   Phrases-clés

Retrouvez ces phrases-clés dans le texte.

1	an internal memorandum	11	the working week
2	the current situation	12	early retirement
3	factory closures	13	transfer (within firm)
4	the unemployment figures	14	a retraining course
5	the quality of our goods	15	production control
6	our customer service	16	more sophisticated equipment
7	quality circles	17	an analysis of the results
8	redundancy	18	the main lines
9	a wage reduction	19	the new policy
10	closing down (of firm)	20	redeployment (of personnel)

EXERCICE 3   Entraînement oral

Répondez aux questions suivantes selon le modèle.

A *Quel est le pourcentage des employés qui sont âgés de 50 ans ou plus?*

Il est de 14%.

Quel est le pourcentage des employés . . .

- qui considèrent la situation actuelle comme alarmante?
- qui sont en faveur d'un stage de recyclage?
- qui désireraient être tenus plus au courant?
- qui sont en faveur de la cessation d'activité?
- qui ont rempli le questionnaire?
- qui sont en faveur de la mutation?

NB Retrouvez ces pourcentages dans la note de service.

B *Quelle est la date de cette note de service?*

18-02-2001

→ *Elle est datée du 18 février 2001.*

- 23-11-1999
- 01-08-2004
- 02-05-1987
- 11-01-2006
- 21-07-1998
- 08-03-2002

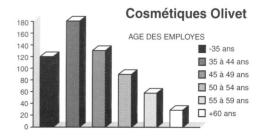

Cosmétiques Olivet

AGE DES EMPLOYES

- -35 ans
- 35 à 44 ans
- 45 à 49 ans
- 50 à 54 ans
- 55 à 59 ans
- +60 ans

5.2 Un mois difficile

Scénario

Claude Jullian, directeur général des Cosmétiques Olivet, convoque la directrice commerciale, Odette Dublanc, pour examiner les différentes solutions aux problèmes éprouvés par la société.

EXERCICE 4 Questions sur l'entretien

1 Que ressort-il des statistiques reçues par Mme Dublanc?

2 Pourquoi avait-on demandé aux ateliers d'augmenter la production?

3 Quels produits ont été touchés par ces problèmes?

4 Quelle erreur a été commise dans le positionnement du shampooing et de la laque?

5 De quelle façon la situation de la main-d'œuvre directe sera-t-elle touchée?

6 Pour quelles raisons la crème solaire Aventure connaît-elle un tel succès?

7 Quel problème supplémentaire ce succès a-t-il créé?

8 Dans quelle mesure la conjoncture actuelle explique-t-elle le marasme des gammes Hasard et Fortune?

9 Le facteur climatique y est-il pour quelque chose?

10 Quelle tâche M. Jullian assigne-t-il à Mme Dublanc?

LEXIQUE

régler	to sort out, settle (a problem)
les ventes (fpl.)	sales
une croissance	growth
une augmentation	increase
le bénéfice net	net profit
en conséquence de quoi	as a result of which
un atelier	(production) workshop
augmenter les cadences	to increase the rate (of production)
à ce jour	to date
entraîner	to lead to, mean
un rythme de production	production rate
toucher	to affect
au plus vite	as quickly as possible
une chaîne de production	production line
une gamme	range (of products)
par rapport à	in relation to, with respect to
un(e) concurrent(e)	(business) competitor
la laque	lacquer, hairspray
d'urgence	as a matter of urgency
causer de gros ennuis	to create a lot of trouble
la main-d'œuvre	workforce

supprimer	to stop, cut
la quasi-totalité de	almost all of
les heures supplémentaires	overtime
il n'y a pas moyen de	there's no way to (do sth.)
adoucir le choc	to ease the shock, blow
en contrepartie de	in order to offset, make up for
une crème solaire	suntan cream
puiser dans	to draw from, dip into
le stock de sécurité	buffer stock
un marasme	stagnation, slump
se prononcer	to give one's opinion
indexé(e) sur le coût de la vie	indexed to the cost of living
d'autre part	moreover
subir	to suffer from, experience
doux (douce)	mild (weather)
une station de sports d'hiver	winter sports resort
un manque à gagner	loss of profit, earnings
une filiale	subsidiary
un trimestre	quarter (three months)

Entretien au bureau du directeur général

CJ: **Claude Jullian,** *directeur général des Cosmétiques Olivet*   **OD:** **Odette Dublanc,** *directrice commerciale dans la même usine*

CJ Bonjour, Madame Dublanc, je vous remercie d'être venue aussi promptement. Je crois que nous avons quelques problèmes conjoncturels à régler ce mois-ci.

OD En effet, j'ai reçu ce matin les statistiques pour le mois de mars – elles sont peu encourageantes. Je dirai même que si l'entreprise continue à suivre cette tendance, nous allons connaître de très graves problèmes.

CJ Les ventes ont donc été si mauvaises?

OD Comme vous le savez, nous avions basé notre croissance sur une augmentation de vingt pour cent du bénéfice net, en conséquence de quoi nous avions demandé aux ateliers d'augmenter les cadences et les stocks, mais à ce jour il apparaît que les ventes stagnent.

CJ Tout ceci va entraîner des modifications dans nos rythmes de production. Quels sont les produits les plus touchés par ces problèmes?

OD Nous allons être obligés d'arrêter au plus vite les chaînes de production des gammes Hasard et Fortune car elles n'ont pas connu le succès que nous espérions. Selon la dernière enquête du service marketing, nous sommes mal positionnés par rapport à nos concurrents directs pour le shampooing et la laque. Il sera donc nécessaire de repenser d'urgence notre stratégie pour ces produits-là.

CJ Cela va nous causer de gros ennuis avec la main-d'œuvre directe car il faudra supprimer la quasi-totalité des heures supplémentaires. Il n'y a pas moyen d'adoucir le choc?

OD Si, il y a peut-être une solution. En contrepartie de la fermeture de ces deux lignes, la production de la crème solaire Aventure va devoir être accélérée. Etant donné le temps exceptionnel et la nouvelle vogue des vacances de Pâques au soleil, les clients de la zone Europe du Nord ont augmenté leur consommation de produits solaires et nous sommes déjà en train de puiser dans le stock de sécurité.

CJ D'accord, vous pourrez arranger tout cela avec le directeur de production. Mais, dites-moi, pourquoi ce marasme dans le marché des gammes Hasard et Fortune?

OD Il est encore difficile de se prononcer, mais l'inflation est galopante, et les salaires ne sont pas indexés sur le coût de la vie. D'autre part, nous avons subi le facteur climatique. L'hiver a été beaucoup trop doux, en France par exemple mais aussi en Italie du nord, par conséquent les stations de sports d'hiver ont connu un manque à gagner.

CJ Merci pour toutes ces explications, Madame Dublanc. Voulez-vous bien contacter les autres filiales pour connaître leur situation ce trimestre?

OD Oui, certainement, Monsieur Jullian.

REMARQUES

d'être venue (*for coming*, lit. *for having come*): note the use of the infinitive **être** after the preposition **de**

peu encourageantes: distinguish between **peu** (*not much, not very*), stressing the negative aspect, and **un peu** (*a little*), stressing the positive aspect

comme vous le savez (lit. *as you know it*): note the inclusion of **le** in this expression

nos rythmes de production: as well as *rhythm*, **rythme** can mean, as here, *rate, pace*

la main-d'œuvre directe: the employees on the production line, in 'direct contact' with the products manufactured

si, il y a peut-être une solution: note that **si** is used, rather than **oui**, to say *yes* in answer to a negative question

va devoir être accélérée (*will have to be speeded up*): the past participle **accélérée** agrees with the preceding **production**

le stock de sécurité: lit. *safety stock*

d'autre part: distinguish between the introductory **d'autre part** (*moreover*) and its role in the opposition **d'une part ... d'autre part** (*on the one hand ... on the other hand*)

ce trimestre (*this quarter* or *period of three months*): cf. **un semestre** (*half-year* or *period of six months*)

EXERCICE 5   Entraînement grammatical

Traduisez en français les phrases suivantes selon le modèle.

A   *Les statistiques sont donc peu encourageantes?*

- So these ranges aren't very well known?
- So the sales were as bad as that?
- So our products are so badly positioned?
- So the winter was much too mild?
- So the workforce is that badly informed?
- So our employees weren't very concerned?

B   *Il n'y a pas moyen d'adoucir le choc.*

- There's no way of adapting our production plan.
- There won't be any way of increasing the net profit.
- There was no way of speeding up production.
- Isn't there a way of sorting out these problems?
- Wasn't there a way of rethinking our strategy?
- Won't there be a way of contacting the other subsidiaries?

5.3 Problèmes de production

Scénario

Odette Dublanc, directrice commerciale chez Olivet, examine
avec le directeur de production, Henri Berthelet, les différentes
solutions aux problèmes de l'entreprise, exposées lors de ses
discussions avec le directeur général.

EXERCICE 6   Questions sur l'entretien

1   Pourquoi M. Berthelet a-t-il pris rendez-vous avec Mme Dublanc?

2   De quoi M. Renaud de Tout Emballe vient-il de prévenir M. Berthelet?

3   A quel problème de gestion risque-t-on d'être confronté aux Cosmétiques Olivet?

4   Quel problème connaît-on dans certains entrepôts?

5   Quelle est la solution proposée par Mme Dublanc?

6   Pourquoi cette solution n'est-elle pas valable?

7   Selon M. Berthelet, où se situe l'erreur?

8   Quelle est la situation dans les autres filiales?

9   Le dépannage offre-t-il une solution valable?

10   Quelle est la recommandation de M. Jullian?

LEXIQUE

au sujet de	*about, concerning*	**les matières premières (fpl.)**	*raw materials*
les articles de conditionnement	*packaging components*	**annuler**	*to cancel, withdraw (order)*
sous-traiter	*to contract out, subcontract*	**un flacon**	*bottle (for shampoo, lacquer)*
un emballage	*package, packaging*	**un moule**	*(industrial) mould*
le prix de vente	*selling price*	**relancer**	*to relaunch*
les coûts de fabrication	*manufacturing costs*	**une erreur**	*mistake*
élevé(e)	*high (cost, price)*	**les prévisions (fpl.)**	*forecasts*
avoir des problèmes de trésorerie	*to have cash-flow problems*	**mettre en chômage technique**	*to lay off (workforce)*
moindre	*smaller, lower (volume)*	**le dépannage**	*short-term subcontracting (within the group)*
faire un emprunt	*to take out a loan*		
à court terme	*short term*		
une facture	*bill, invoice*	**un délégué syndical**	*(trade) union representative*
un excédent	*surplus*		
freiner la production	*to slow down production*	**compréhensif(-ive)**	*understanding*
vu	*in view of*	**entamer**	*to start, initiate (action)*
une baisse des commandes	*fall, drop in orders*	**une plainte**	*complaint*
		la suppression	*removal, withdrawal*
surstocker	*to overstock*	**à plein rendement**	*(to run) at full capacity*
un entrepôt	*warehouse*	**à l'heure actuelle**	*at the present time*
les produits finis (mpl.)	*finished goods*	**réviser**	*to revise, review (plan)*

Entretien au bureau de la directrice commerciale

OD: Odette Dublanc, *directrice commerciale chez Olivet*

HB: Henri Berthelet, *directeur de production dans la même usine*

OD Entrez, Monsieur Berthelet. Vous vouliez me voir, je crois?

HB Oui, Madame Dublanc, nous avons quelques décisions à prendre en ce qui concerne les ateliers de production. Vous avez reçu ma note de service?

OD Au sujet des articles de conditionnement, n'est-ce pas?

HB C'est cela. Vous savez que nous sous-traitons la fabrication de nos emballages à la société Tout Emballe. Monsieur Renaud, le directeur technique, m'a informé qu'il sera obligé d'augmenter ses prix de vente car les coûts de fabrication sont devenus trop élevés pour lui.

OD Si cela continue, nous aurons des problèmes de trésorerie. Le volume de nos ventes étant moindre ce mois-ci, nous allons devoir faire un emprunt à court terme pour payer nos factures. Mais vous avez parlé aussi d'un problème d'excédents, si je me souviens bien?

HB Oui, suite aux instructions que nous avons reçues la semaine dernière, nous avons freiné la production sur les chaînes Hasard et Fortune. Vu la baisse des commandes, il est évident que nous avons surstocké ces gammes – certains entrepôts sont pleins non seulement de produits finis mais aussi de matières premières et d'articles de conditionnement. Nous n'avons plus de place.

OD Vous ne pourriez pas annuler, disons, les flacons commandés pour le mois d'avril?

HB J'ai déjà contacté Monsieur Renaud mais il est toujours difficile d'annuler les commandes à la dernière minute. En plus, il a déjà reçu le moule pour les flacons du nouveau parfum féminin Impair que nous voulions relancer en automne.

OD Oui, je vois. Nous serons obligés de prendre ces flacons.

HB Eh oui, notre erreur c'est d'accepter trop facilement les prévisions que nous envoie le service marketing. Quelle est la situation dans les autres filiales?

OD Il paraît que c'est le même problème partout et pour les mêmes raisons. Dans certaines filiales, on a même dû mettre du personnel en chômage technique.

HB Nous ne pouvons donc pas compter sur le dépannage pour occuper notre main-d'œuvre?

OD C'est plutôt le contraire. J'espère que les délégués syndicaux seront compréhensifs et n'entameront pas une action qui pourrait bloquer la production de Pair ou d'Aventure – il y a déjà eu une plainte après la suppression des heures supplémentaires.

HB Espérons que non car ce sont les seules chaînes qui marchent à plein rendement à l'heure actuelle.

OD Selon Monsieur Jullian, il faudra stimuler le marché en lançant une forte campagne publicitaire à la télévision.

HB Bien. Donc, je vais attendre de nouvelles instructions avant de réviser notre plan de production.

REMARQUES

étant moindre (lit. *being lesser*): the present participle of **être** is often used to give an explanation (*as the sales volume is lower*)

que nous avons reçues: the past participle **reçues** agrees with the preceding noun **instructions**

certains entrepôts: the adjective **certain** does not take an article in the plural; cf. below **certaines filiales**

nous n'avons plus de place: note that **pas** is not required with the negatives **ne . . . plus, ne . . . jamais**, etc.; besides *place, position, seat*, etc., **place** can mean, as here, *room, space*

les flacons: the noun **flacon** is usually preferred to **bouteille** for bottles of perfume, shampoo, etc.

le mois d'avril: French often includes **le mois de** where English uses only the name of the month

le moule (*industrial mould*): not to be confused with **la moule** (*mussel*)

que nous envoie le service marketing (*which the marketing department sends us*): note the inversion of subject and verb in a relative clause

le dépannage: generally *repair, repair service* for equipment and cars which have broken down; here *short-term subcontracting (within the group)*

en lançant une forte campagne: before a present participle, the preposition **en** gives the meaning *in, on, while* or, as here, *by (doing sth.)*

avant de réviser: note the infinitive after the preposition **de** in French for English *-ing*

EXERCICE 7   Entraînement grammatical

Traduisez en français les phrases suivantes selon le modèle.

A   *Nous n'avons plus de place.*

- He hasn't any raw materials left.
- I hadn't any packaging components left.
- She wouldn't have any finished goods left.
- Didn't you have any investments left?
- They won't have any suntan cream left.
- We wouldn't have any big competitors left.

B   *en lançant une forte campagne publicitaire en hiver*

- by reviewing our production plan this week
- by cancelling the orders at the last minute
- by increasing the selling price in July
- by having a new strategy next year
- by laying off some of the workforce in the spring
- by taking out a short-term loan this quarter

5.4 Retard de livraison

Traduisez en anglais la lettre ci-dessous.

Objet: N/commande no. LR/2740

Messieurs,

 Nous vous avons passé le 30 mai dernier une commande de 2 000 blocs-moteurs réf. MB58 et de 3 500 commutateurs réf. 2AL. Cependant, nous n'avons jusqu'ici reçu aucun de ces articles alors que le délai de livraison était fixé à une semaine.

 Nous avons un besoin urgent de ces pièces pour assurer la production de notre nouveau modèle de moulin à café électrique. Nous vous demandons donc de bien vouloir faire le nécessaire pour que la commande nous soit livrée avant la fin de cette semaine.

 D'autre part, étant donné le retard de livraison, nous vous saurions gré de bien vouloir modifier le délai de paiement initialement fixé à 30 jours fin de mois, en le portant à 60 jours fin de mois.

 Dans l'attente d'une réponse rapide, je vous prie d'agréer, Messieurs, l'expression de mes sentiments distingués.

le Directeur des Achats
Henri BERETTA

LEXIQUE

une réclamation	*complaint*	**d'autre part**	*furthermore*
un bloc-moteur	*engine block*	**un retard de livraison**	*late delivery*
un commutateur	*switch*	**savoir gré à qn**	*to be grateful to sb. (for sth.)*
jusqu'ici	*(up) until now*		
une pièce	*(industrial) part*	**modifier**	*to alter, change*
assurer la production	*to maintain production*	**un délai de paiement**	*term, time of payment*
un moulin à café	*coffee grinder*	**30 jours fin de mois**	*30 days (from the end of the month)*
faire le nécessaire	*to do what needs to be done*	**le directeur des achats**	*purchasing manager*

EXERCICE 9   Réponse à la réclamation

Traduisez en français cette réponse au directeur des achats.

Subject: Your order no. LR/2740

Dear Sir,

We acknowledge receipt of your letter of 10th June last informing us of the late delivery of your order no. LR/2740.

We apologize for this delay which was caused by a fire on our assembly lines which held up production of the engine blocks and switches for several days. As production did not restart until three days ago, your order could not be dispatched until 8th June. You will therefore receive it shortly.

We are prepared to give you a 5% discount on the amount of this order, and hope that this error will not affect our business relations.

Yours faithfully,

Robert Clark
Distribution Manager

LEXIQUE PROPOSE

accorder une remise
une chaîne de montage
dû (due) à
être désolé(e) de
être prêt(e) à (faire qch.)
expédier

un incendie
interrompre
un montant
porter préjudice à qn
reprendre
sous peu

ASSIGNMENT NO. 5

Le plan social

Situation

Your company, Trent Appliances, opened a factory in Le Mans in 1987. This subsidiary is currently experiencing economic and financial problems which threaten production, investment and employment. The General Manager has drafted a letter to be circulated to all employees in order to explain the situation and canvass their views before a company strategy is finalised.

Task 1
Questionnaire in French

Draw up the letter to be circulated to the entire workforce of 186 employees, inviting each one to choose between the various options: shorter hours, job sharing, reduced wages, lay-offs, retraining, relocation, early retirement, etc.

Task 2
Written report in French

After analysing the results, you present a written report to the Head of Personnel giving the results of your survey, together with your recommendations.

Task 3
Discussion in pairs

Discuss your report with the Head of Personnel, and devise a company policy to be put to the workforce, bearing in mind the need to implement these measures while maintaining production and avoiding industrial action.

Task 4
Discussion in pairs

You now call a meeting with the Works Representative to present this strategy, repeating the importance for all concerned of maintaining production, and using the results of your questionnaire to support your arguments.

NB Invent all details as required: names, positions, dates, preferences, percentages, etc.

LEXIQUE

une(e) collaborateur (-trice)	colleague, fellow worker
éprouver	to experience (difficulties)
actuellement	currently, at present
toucher	to affect
souhaiter	to wish, hope
passager(-ère)	passing, temporary (situation)
en vue de l'établissement	with a view to setting (sth.) up
dans le but de	with the aim, intention of
une passe difficile	difficult patch
les grandes lignes	main lines (of policy)
lors de	at the time of, during
une réunion	meeting
un comité d'entreprise	works' council, committee
un horaire variable	flexitime
un bulletin d'information	news bulletin, magazine

Cher Collaborateur,

Comme vous le savez, nous éprouvons actuellement quelques difficultés financières dues, en grande partie, à la récession qui touche tous les pays européens depuis plusieurs mois. Nous souhaitons tous que cela ne soit que passager.

Toutefois, s'il fallait que nous prenions des décisions quant à la façon de s'adapter à la diminution de nos ventes, nous souhaiterions le faire après consultation avec tous nos employés.

En vue de l'établissement d'un plan social adapté aux besoins de chacun, nous vous prions donc de bien vouloir répondre aux questions suivantes dans le but de nous aider à traverser cette passe difficile bien que temporaire.

Je vous rappelle donc les grandes lignes de la politique sociale qui a été proposée lors de la dernière réunion du comité d'entreprise:

1. horaire variable pour l'ensemble du personnel
2. possibilité de travail à mi-temps et au 4/5
3. actions de formation et de recyclage
4. bulletin mensuel d'information
5. restaurant d'entreprise
6. actions sociales, culturelles et sportives

Je vous remercie d'avance du temps accordé à remplir ce questionnaire qui a été établi par le Chef du Personnel avec la participation du Délégué Syndical. Je m'engage à tenir compte des intérêts de chacun dans la mise en place de notre plan social.

le Directeur Général
Robert CALDER

Conditions de travail

Que ce soit dans les bureaux ou dans les ateliers, à l'intérieur ou à l'extérieur, la sécurité au travail est l'affaire de tous. La préoccupation constante de la direction comme des employés doit être d'améliorer les conditions de travail, de combattre la négligence partout et de faire baisser la fréquence des accidents du travail. Pour ce faire, il faut aménager les installations dans l'entreprise et créer des conditions qui favorisent la sécurité, et qui évitent les conflits sociaux.

De nos jours, un nouveau danger est venu s'ajouter à ces préoccupations, qui est la présence de personnes non autorisées sur le lieu de travail entraînant le vol et le vandalisme.

LEXIQUE

un atelier	*(production) workshop*
à l'intérieur	*inside (building)*
à l'extérieur	*outside*
la sécurité au travail	*safety at work*
une préoccupation	*concern, worry*
la direction	*management*
améliorer	*to improve*
combattre	*to fight (against sth.)*
faire baisser	*to reduce*
la fréquence	*frequency, incidence*
aménager	*to convert, transform*
une entreprise	*firm, company*
favoriser	*to encourage, promote*
éviter	*to avoid*
les conflits sociaux	*industrial disputes*
de nos jours	*nowadays*
ajouter	*to add*
un lieu de travail	*workplace*
entraîner	*to lead to, bring about*

REMARQUES

que ce soit (*whether it is*): an example of the subjunctive used after **que** where it is not dependent on a preceding verb

la sécurité au travail: as well as *security*, **sécurité** can mean, as here, *safety*

l'affaire de tous: note that **affaire** here means *question, responsibiltiy*; note also that **tous** is an indefinite pronoun, that is, *all (people, employees)* or *everybody*, and that the final **-s** is pronounced

la direction: *management* in the sense of the people who manage; the *management* or *running* of a company, etc. is **la gestion**

faire baisser: lit. *to make to come down*

pour ce faire (*in order to do this*): **ce** is here a demonstrative pronoun which only survives in a few set phrases such as **sur ce, pour ce, ce disant, ce faisant**

les conflits sociaux (lit. *conflicts at work*): note that, as well as referring to society, **social** can refer, in French, to work

est venu s'ajouter à: lit. *has come to add itself to*

EXERCICE 1 Phrases-clés

Retrouvez ces phrases-clés dans le texte.

1 whether it is in the offices

2 or in the workshops

3 safety at work

4 everybody's responsibility

5 the constant concern of the management

6 improving working conditions

7 fighting negligence

8 the incidence of accidents at work

9 avoiding industrial disputes

10 the presence of unauthorised persons

11 in the workplace

12 leading to theft and vandalism

6.1 Rapport du chef du personnel

Scénario

Le chef du personnel de la société Bosco et Fils envoie au directeur
général une note de service détaillant les problèmes abordés lors de
la dernière réunion du personnel.

Réunion du personnel

BOSCO ET FILS

BOULANGERIE PATISSERIE INDUSTRIELLE

DE: Denise MENARD, Chef du Personnel
A: M. Christian BOSCO, Directeur Général
DATE: le 17 novembre

SUJET: Réunion du personnel du 13 novembre

Le thème proposé pour cette réunion était les conditions de travail dans l'entreprise. Plusieurs sujets ont
été abordés, notamment trois consignes de sécurité qui devront entrer en vigueur immédiatement.

1 Il a été décidé que durant les travaux de réfection qui auront lieu dans l'atelier au cours du mois
prochain, le port du casque y sera obligatoire et que nul ne pourra contrevenir à cet ordre.

2 Suite à l'entrée dans l'entreprise de personnes non autorisées et malveillantes, la direction a décidé que
chaque membre du personnel devra porter un badge sur lequel apparaîtra sa photo ainsi que ses nom
et prénom.

3 Pour des raisons de sécurité industrielle (incendie, explosion), une carte de pointage sera délivrée à
tous les membres du personnel qui devront enregistrer l'heure d'arrivée et de départ dans une
pointeuse à l'entrée de l'usine. En réponse aux objections soulevées par quelques employés, il a été fait
remarquer que ce système est déjà mis en œuvre dans la plupart des entreprises locales.

Après la discussion et l'adoption de ces mesures de sécurité, le personnel a émis quelques propositions
visant à améliorer les conditions de travail dans l'atelier.

1 Afin que la chaleur n'accable pas trop les employés travaillant pendant l'été sur les chaînes de
production, il a été décidé de demander l'installation de ventilateurs.

2 Il a été décidé de demander qu'une cinquième semaine de congés soit accordée entre Noël et le 1er de
l'an. Ceci permettrait aux employés de profiter pleinement de cette période de fête sans affecter la
production avant Noël, et les mettrait sur un pied d'égalité avec les employés dans plusieurs autres
entreprises locales.

3 Le personnel a également émis le vœu qu'un distributeur de boissons chaudes soit installé dans
l'entreprise, l'actuel distributeur ne délivrant que des boissons froides.

LEXIQUE

la réunion du personnel	personnel/staff meeting	une pointeuse	time clock
aborder un sujet	to tackle a subject	soulever	to raise (an objection)
notamment	notably, in particular	faire remarquer	to point out
une consigne de sécurité	safety regulation	mettre en œuvre	to implement, put in place
entrer en vigueur	to come into force, into effect	émettre une proposition	to put forward a proposal
des travaux de réfection	renovation work	viser à	to aim to (do sth.)
avoir lieu	to take place	la chaleur	heat
le port du casque	wearing a helmet, safety hat	accabler	to overwhelm
contrevenir à un ordre	to contravene an order	les congés (mpl.)	holidays, leave
suite à	following, further to	accorder	to give, grant
malveillant(e)	malicious (person)	profiter de	to make the most of
un incendie	(accidental) fire	pleinement	fully
une carte de pointage	checking-in card	une période de fête	holiday period
délivrer	to issue	mettre sur un pied d'égalité	to put on an equal footing
enregistrer	to record, enter (information)	émettre un vœu	to express a wish
		actuel(-elle)	present, current

REMARQUES

le 17 novembre: with the exception of *le premier*, cardinals are used for dates in French where English uses ordinals (*17th November*); for the use of the ordinal, cf. below **le 1er de l'an**

consignes de sécurité: here **consigne** means *instructions, regulations*; other meanings include *left-luggage office, deposit*

il a été décidé que: an impersonal construction appropriate to official language and written communications; cf. below **il a été décidé de demander que**

le port du casque y sera obligatoire (*safety hats must be worn there*, lit. *the wearing of the helmet there will be obligatory*): another example of official language

nul ne pourra: the indefinite pronoun **nul**, which has the same meaning as **personne**, is often used in official or written language; note that both **nul** and **personne** take **ne** but not **pas**

cet ordre: note that **cet** is the form of **ce** used before a masculine noun begining with a vowel; and distinguish between **un ordre** (*order, command*) and **une commande** (*order for goods or services*)

personnes non autorisées et malveillantes: note that **une personne** is a feminine noun referring equally to men and women, and always takes a feminine agreement; not to be confused with the negative **ne . . . personne, personne ne** (*nobody*)

un badge sur lequel: the relative pronoun **lequel** is used after a preposition when referring to a thing

ainsi que ses nom et prénom: distinguish between **ainsi que** (*as well as*) and **ainsi** (*so, thus, in this way*); note that **ses** is given in the plural as it refers to both **nom** (*surname*) and **prénom** (*first name*), and that surnames are usually given first in official documents

incendie: refers to an accidental or industrial fire as opposed to the more general **feu**

sera délivrée: distinguish between **délivrer** (*to supply, issue*) and **livrer** (*to deliver*); cf. below **ne délivrant que**

il a été fait remarquer que: another impersonal construction; unlike **baisser** and **faire baisser**, for example, **faire remarquer** has the same meaning as **remarquer** (*to point out*)

a émis quelques propositions: from the verb **émettre** (*to express, to put forward*); cf. below **a également émis le vœu**

visant à améliorer: note that **visant** does not agree with **propositions** since it is used as a participle and not as an adjective; cf. below **travaillant** which does not agree with **employés**

n'accable pas trop: note that, while **accable** is the present subjunctive of **accabler** after **afin que**, regular **-er** verbs have the same forms in the singular and third person plural in both the indicative and the subjunctive

congés: *holidays* in the sense of *leave from work*, as opposed to **vacances** (*holidays away from home*)

soit accordée: subjunctive (here of **être**) after **demander que**; note that **accordée** agrees with **semaine** (and not **congés**)

ceci: an indefinite pronoun referring to a previous statement rather than a specific noun (in which case **celui-ci** etc. would be used)

soit installé: subjunctive (here of **être**) after **émettre le vœu que**

ne délivrant que: the present participle here is used to provide an explanation (*as it only gives*)

EXERCICE 2 Phrases-clés

Retrouvez ces phrases-clés dans le texte.

1	bakery and confectionery (shop)	11	a checking-in card
2	a staff meeting	12	to enter the arrival time
3	to tackle a topic	13	at the factory entrance
4	safety regulations	14	to raise an objection
5	to come into effect	15	to implement a system
6	renovation works	16	safety measures
7	wearing a safety hat	17	production lines
8	to contravene an order	18	to put on an equal footing
9	unauthorized persons	19	to express a wish
10	every member of staff	20	to install a vending machine

EXERCICE 3 Entraînement oral

Faites accorder ces adjectifs avec les substantifs proposés selon le modèle.

	bon	*chaussures*	*exemple*
	⟶	*de bonnes chaussures*	*un bon exemple*
1	autre	réunion	thème
2	ce	chaleur	ordre
3	chaud	boissons	discussion
4	cinquième	usine	incendie
5	froid	verres	réponse
6	général	directeur	assemblée
7	industriel	boulangerie	déchets
8	local	entreprises	membres
9	non autorisé	personne	actions
10	prochain	semaine	mois
11	son	photo	nom et prénom
12	leur	congés	ateliers

6.2   Consignes de sécurité

Scénario

Après avoir étudié le procès-verbal de la réunion du personnel chez Bosco et Fils, le directeur général, Christian Bosco, convoque le chef du personnel, Denise Ménard, afin d'examiner les propositions faites.

EXERCICE 4   Questions sur l'entretien

1   Le personnel a-t-il adopté les consignes de sécurité proposées par la direction?

2   Pourquoi M. Bosco se déclare-t-il content?

3   Quelle est la première proposition faite par le personnel?

4   M. Bosco approuve-t-il cette proposition?

5   Quel conseil donne-t-il à Mme Ménard?

6   Quelle est la deuxième demande du personnel?

7   Quel est l'avis de M. Amiot sur les stocks?

8   Selon M. Bosco, quelle ligne ne faut-il pas arrêter?

9   La troisième proposition du personnel plaît-elle à M. Bosco?

10   De quelle tâche M. Bosco charge-t-il Mme Ménard?

LEXIQUE

un procès-verbal	*minutes (of meeting)*	**une bûche de Noël**	*Yule log (cake)*
adopter à l'unanimité	*to adopt unanimously*	**il n'en est pas question!**	*there's no question of it!*
sortir de la légalité	*to transgress the law*	**rentable**	*profitable*
risquer de	*to risk (doing sth.)*	**fabriquer**	*to make, produce*
provoquer	*to cause, bring about*	**prendre quelque chose**	*to have something (to drink)*
un arrêt de travail	*stoppage of work*		
se reproduire	*to recur, happen again*	**de même**	*similarly*
haut de gamme	*top quality*	**un fournisseur**	*supplier*
le 1ᵉʳ de l'an	*New Year's Day*	**dès aujourd'hui**	*(as of) today*
un(e) concurrent(e)	*rival, competitor*	**une publicité**	*advertisement*
une biscotte	*rusk, (continental) toast*	**un revendeur**	*stockist*
un pain aux raisins	*currant bun*	**le dernier numéro**	*latest issue (of magazine)*
altérer	*to affect, impair (service)*	**faire part de qch.**	*to inform (sb.) of sth.*

Entretien au bureau du directeur général

CB: **Christian Bosco,** *directeur général de Bosco et Fils*   **DM:** **Denise Ménard,** *chef du personnel dans la même usine*

CB Bonjour, Madame Ménard. C'est au sujet de la réunion du personnel jeudi dernier, n'est-ce pas?

DM Oui, Monsieur Bosco. Lors de cette réunion, le personnel a émis un certain nombre de propositions mais nous avons fini par adopter les consignes de sécurité à l'unanimité.

CB J'en suis fort content car nous ne voulons absolument pas sortir de la légalité. Pourriez-vous me résumer les propositions du personnel?

DM La première est la mise en place de ventilateurs dans l'atelier de production.

CB Nous devons dire «oui» à cette proposition car un refus risquerait de provoquer des arrêts de travail si la chaleur de l'été dernier se reproduit encore l'année prochaine. Et n'hésitez pas à choisir des ventilateurs haut de gamme avec thermostats.

DM Bien, c'est noté. Le problème suivant risque d'être plus difficile à régler. Il s'agit d'une cinquième semaine de congés entre Noël et le 1er de l'an.

CB Alors là, comme nos employés ne le savent que trop bien, notre production ne peut complètement s'arrêter pendant une semaine de plus. Je doute que nos concurrents ferment leur entreprise pendant une période aussi longue.

DM J'ai déjà discuté de cette proposition avec Jacques Amiot, le chef des lignes de biscottes et de pains aux raisins. Il affirme que les stocks de ces produits-là sont assez importants.

CB D'accord, si cela n'altère pas le service à nos clients, mais en ce qui concerne la ligne bûches de Noël, il n'en est pas question! Pour que cette ligne soit rentable, nous devons fabriquer et vendre 90 pour cent de la production entre le 15 décembre et le 15 janvier. Je m'oppose donc totalement à l'arrêt de cette ligne pendant cette semaine.

DM Je crains que les employés en question n'acceptent pas votre point de vue.

CB Nous en reparlerons. Passons à la troisième proposition du personnel, le distributeur de boissons chaudes, c'est cela?

DM Oui, en effet. Que pensez-vous de cette idée?

CB Je suis tout à fait d'accord, nous avons tous besoin de prendre quelque chose de temps en temps.

DM Et de même, lorsque nous recevons des clients, souvent nous n'avons pas même un café ou un thé à leur offrir.

CB Voulez-vous donc contacter le fournisseur dès aujourd'hui? Je crois avoir vu une publicité pour un revendeur dans le dernier numéro de *Performances*, pour l'entreprise Cova si je m'en souviens bien. Eh bien, il est déjà 15 h 30, je dois vous quitter car j'ai rendez-vous.

DM Au revoir, Monsieur Bosco. Je ferai part de vos décisions au personnel lors de notre prochaine réunion.

REMARQUES

provoquer des arrêts de travail: as well as meaning *to provoke*, **provoquer** can mean, as here, *to cause (sth.)*

haut de gamme (lit. *top of the range*): cf. also **bas de gamme** (*poor quality, bottom of the range*)

il s'agit de: an impersonal expression meaning *it concerns, it is a question of*

ne le savent que trop bien: note the inclusion of **le** in this expression

ne peut . . . s'arrêter: note that **pouvoir** may form the negative without **pas** when followed by the infinitive; cf. also **savoir, oser, cesser de**

ferment leur entreprise: the subjunctive after **je doute**, the same form as the indicative of the **-er** verb **fermer**; **entreprise** is in the singular, as each competitor is taken to have one firm only

assez importants: note that **important** can mean *large, considerable* as well as *important*

soit rentable: the subjunctive of **être** after **pour que**

n'acceptent pas: the subjunctive of **accepter** after **je crains que**; cf. above **ferment leur entreprise**

nous avons tous besoin: note that **tous** is here a pronoun referring to **nous** (*we all need*) and that the final **-s** is pronounced

prendre quelque chose (lit. *to take something*): frequently used in the sense of *to have something to drink*

de même (*similarly*): not to be confused with **même** (*even*); cf. below **même un café**

dès aujourd'hui: distinguish between **dès** (*as of, starting from*) and **des** (*some*)

je crois avoir vu (lit. *I believe to have seen*): a more formal construction for **je crois que j'ai vu**

le dernier numéro: as well as *last*, **dernier** can mean, as here, *latest*

il est déjà 15 h 30: French industry regularly uses the 24-hour clock

EXERCICE 5   Entraînement grammatical

Traduisez en français les phrases suivantes selon le modèle.

A   *Je doute que nos concurrents ferment leur entreprise.*

- They doubt whether the manager will implement this plan.
- She's afraid that we won't buy a vending machine.
- I want her to choose top-quality ventilators.
- We doubt whether the management will take a decision.
- Are you afraid that the employees won't know how to do it?
- They don't want you to contact the supplier.

B   *pour que cette ligne soit rentable*

- so that the working conditions are favourable
- so that you have a fifth week of holidays
- so that wearing a safety hat is compulsory
- so that the employees have a pay rise
- so that we're kept up to date
- so that the firm has a better alarm system

6.3 Louer un distributeur

Scénario

Le directeur général lui ayant donné le feu vert, Mme Ménard
contacte la société Cova.

EXERCICE 6   Questions sur la conversation

1 Pourquoi Mme Ménard contacte-t-elle
l'entreprise Cova?

2 Quel type de distributeur est déjà installé chez
Bosco?

3 Combien de distributeurs Mme Ménard
envisage-t-elle d'installer?

4 Mme Ménard a-t-elle déjà choisi un modèle de
distributeur?

5 Quelle est la proportion hommes–femmes
chez Bosco?

6 Pourquoi M. Alberti conseille-t-il le modèle
Boissons Chaudes Cova?

7 Pourquoi M. Alberti consulte-t-il son plan de
travail et les stocks?

8 Quel est le prix de l'installation du
distributeur?

9 Quelles sont les garanties du service après-
vente?

10 Quelle assurance M. Alberti donne-t-il à Mme
Ménard?

LEXIQUE

disposer de	*to have (at one's disposal)*
actuellement	*at the moment, at present*
envisager de	*to plan to (do sth.)*
une PME	*small (to medium-sized) firm*
à peu près	*about, approximately*
une étude de comportement	*behavioural study*
en plus de	*on top of, besides*
fournir	*to provide, supply*
patienter	*to wait*
un plan de travail	*work(ing) schedule*
convenir à	*to suit (sb.)*
le prix de location	*rent, rental*
gratuit(e)	*free, without charge*
compris(e) dans	*included in (sth.)*
tomber en panne	*to break down*
un délai d'intervention	*call-out time*
un service entretien	*service department*
performant(e)	*efficient*
être sur place	*to arrive, be there*
au plus tard	*at the latest*
régler	*to settle (matter)*
s'inquiéter	*to worry*
robuste	*sturdy, solidly built*
venir chercher	*to come and meet (sb.)*

Conversation téléphonique

JA: **Jean Alberti,** *au service clients de la société Cova*   **DM:** **Denise Ménard,** *chef du personnel chez Bosco et Fils*

JA Allô, Société Cova, service clients. Jean Alberti à l'appareil.

DM Bonjour, Monsieur. Je suis chef du personnel chez Bosco et Fils, et je viens de recevoir votre brochure sur vos distributeurs automatiques.

JA Très bien, Madame. En quoi puis-je vous être utile?

DM Alors, nous disposons actuellement d'un distributeur de boissons froides mais avec l'hiver qui arrive, nous envisageons d'installer quelque chose de mieux.

JA C'est une situation que nous connaissons bien depuis quelque temps dans cette région. Combien de personnes travaillent dans votre entreprise?

DM Nous sommes une PME de 75 employés, et je pense qu'une seule machine serait nécessaire, du moins pour le moment.

JA Quel modèle désireriez-vous, si vous avez déjà une idée?

DM Voyons . . . Je crois que pour nous le Café en Grains no. 3 serait le modèle le plus approprié.

JA Bien. Puis-je vous demander la proportion hommes–femmes dans votre entreprise?

DM Oui, bien sûr, à peu près 65 pour cent contre 35 pour cent de présence féminine pour l'atelier dans lequel le distributeur sera installé.

JA Alors, selon nos études de comportement, les femmes boivent en majorité du thé. C'est pourquoi je vous conseillerais de prendre notre Boissons Chaudes Cova qui, en plus du café au lait et du café noir, avec ou sans sucre, et du chocolat chaud, fournit également du thé au citron, du thé nature et du thé au lait. Vous le trouverez à la page 9 de notre brochure.

DM Oui, je vois. Pourriez-vous venir l'installer, disons, jeudi prochain?

JA Voulez-vous bien patienter un instant, je consulte mon plan de travail et les stocks. Oui, notre technicien pourrait venir à votre entreprise jeudi matin.

DM Cela me convient tout à fait. Quel est le coût de l'installation? Je n'ai ici que le prix de location des différents modèles.

JA L'installation est gratuite, c'est-à-dire qu'elle est comprise dans le prix de la location.

DM Et si la machine tombe en panne, quels sont vos délais d'intervention?

JA Nous avons un service entretien très performant et nous sommes sur place dans les douze heures suivant l'appel.

DM Donc, en cas de problème, je vous appelle et douze heures après, au plus tard, tout est réglé, c'est exact?

JA Tout à fait, mais ne vous inquiétez pas. Nos machines sont très robustes et elles tombent rarement en panne.

DM Bon, je vous attends jeudi prochain. Quand votre technicien arrivera, mon assistante viendra le chercher à l'entrée. Au revoir, Monsieur.

R E M A R Q U E S

à l'appareil: *speaking (on the phone)*

je viens de recevoir: distinguish between **venir de** followed by the infinitive (*to have just done*) and **venir** followed by the infinitive without **de** (*to come and do*); cf. below **venir installer**

en quoi puis-je vous être utile? (*how can I help you?*): note the irregular inverted form of **je peux** in a question; **être utile** here means *to be helpful*; other meanings include *to be useful, handy*

nous disposons . . . de; note that **disposer de** means *to have available,* whereas *to dispose of* is usually rendered in French by **se débarrasser de** or **jeter**

quelque chose de mieux: note that **quelque chose** takes **de** before an adjective, and that **mieux** is here an invariable adjective

que nous connaissons bien depuis quelque temps: the present tense of the verb is used when an action begun in the past is still continuing, that is, 'the company still knows the situation'

une PME: from **les petites et moyennes entreprises** (*small and medium-sized firms: SMEs*)

l'atelier dans lequel: a further example of the relative pronoun **lequel** used after a preposition when referring to a thing

cela me convient: distinguish between **convenir** (*to admit* or *to agree*), **convenir de** (*to admit* or *to acknowledge*) and, here, **convenir à** (*to suit (sb.)*)

qu'elle est comprise: from **comprendre** (*to include*); other meanings include *to understand, be made up of*

un service entretien: note that **entretien** here means *maintenance*; other meanings include *meeting, discussion, interview*

elles tombent rarement en panne: *they don't break down very often,* lit. *they rarely break down*

quand votre technicien arrivera, mon assistante viendra le chercher: French uses the future tense, **arrivera** (*will arrive*), in the subordinate clause, as well as the main clause, **viendra**

viendra le chercher (lit. *will come to look for him*): from **venir chercher qn/qch.** (*to come and meet sb./come and fetch sth.*); cf. **aller chercher qn/qch.** (*to go and meet sb./go and fetch sth.*) and **envoyer chercher qn** (*to send for sb.*)

E X E R C I C E 7   E n t r a î n e m e n t   g r a m m a t i c a l

Traduisez en français les phrases suivantes selon le modèle.

A   *Nous envisageons d'installer quelque chose de mieux.*

- They are thinking of manufacturing something heavier.
- I'm thinking of buying something less expensive.
- She is thinking of renting something more useful.
- You are not thinking of suggesting something else?
- He is thinking of asking for something sturdier.
- We are thinking of ordering something more.

B   *Quand il arrivera, mon assistante viendra le chercher.*

- When the vending machine is installed, I'll have a tea.
- When she comes to the meeting, they will ask her opinion.
- When the employees leave, he will switch off the heating.
- When I receive their catalogue, we shall make our choice.
- When you need the dossier, she will give it back to you.
- When they contact us, we shall accept their offer.

6.4 Accident au travail

EXERCICE 8   Réponse à une réclamation

Traduisez en anglais la réponse de Cova ci-dessous.

Objet: Votre réclamation du 14 octobre

Madame,

Suite à votre message téléphonique dans lequel vous nous faisiez connaître les problèmes que vous aviez rencontrés avec notre modèle CEG no. 4, je vous écris afin de vous présenter nos excuses et de vous confirmer que nous avons pris des mesures immédiates.

Jusqu'à présent, tous nos distributeurs ont extrêmement bien fonctionné et n'ont jamais causé d'accidents semblables. Afin de régulariser au plus vite la situation, la machine défectueuse a déjà été envoyée à notre laboratoire afin d'être sévèrement inspectée. Si l'accident a été provoqué par un problème de fabrication, nous remplacerons à nos frais le CEG No. 4 par un nouveau modèle que nous nous engageons à tester avant l'installation.

J'espère que le remplacement temporaire du CEG No. 4 vous apporte satisfaction. Cependant, j'aimerais attirer votre attention sur le fait que les personnes se servant de ce distributeur doivent recevoir quelques conseils de sécurité. Notre technicien m'a d'ailleurs affirmé qu'il avait réalisé une démonstration auprès de vos employés lors de l'installation de la machine.

Je réitère mes excuses concernant l'accident dont a été victime votre employé, et j'espère que ceci n'altérera pas nos relations commerciales.

Recevez, Madame, mes salutations distinguées.

le Directeur technique
André LEFOUIN

LEXIQUE

une réclamation	*complaint*	**défectueux(-euse)**	*defective, faulty*
suite à	*further to*	**à nos frais**	*at our expense*
faire connaître	*to inform (sb. of sth.)*	**s'engager à**	*to promise to, undertake to*
rencontrer	*to meet, encounter (problem)*	**attirer l'attention de qn**	*to draw sb.'s attention*
présenter ses excuses	*to offer one's apologies*	**le fait que**	*the fact that*
prendre des mesures immédiates	*to take immediate action*	**se servir de**	*to use (sth.)*
		des conseils (mpl.)	*advice*
jusqu'à présent	*up until now*	**réaliser**	*to carry out*
fonctionner	*to work, run (of machine)*	**auprès de**	*with, among*
semblable	*similar, like that*	**lors de**	*during, at the time of*
régulariser	*to sort out (situation)*	**réitérer**	*to reiterate, repeat*
au plus vite	*as quickly as possible*	**altérer**	*to impair, affect*

EXERCICE 9   Deuxième réclamation

Traduisez en français la deuxième lettre de Bosco ci-dessous.

Subject: Complaint about a defective vending machine

Dear Sir,

Thank you for your letter of 14th October providing us with your explanations concerning the difficulties we have experienced with the CEG No. 4.

However, we are not entirely satisfied with the performance of the CEG No. 4 which you have repaired and reinstalled. Even though it is no longer dangerous to use, our employees continue to complain about it.

For example, we have noticed that:

– the sugar/no sugar button is not working;
– the hot chocolate hardly works at all, or when it does begin working, it gives coffee;
– the vending machine does not always give change.

Further to all the problems which our staff have encountered, we find ourselves obliged to ask you for an immediate reply concerning the hire of a CEG No. 5 at the rental of a CEG No. 4, or the termination of the contract.

Yours faithfully,

Denise MENARD
Head of Personnel

LEXIQUE PROPOSE

un bouton	rendre la monnaie
constater	la résiliation du contrat
fournir des explications	sucré/non sucré
se mettre à	très rarement
se plaindre de	

ASSIGNMENT NO. 6

La nouvelle cantine

Situation

You work for Pearson's of Banbury, a soft drinks subsidiary, and have applied for secondment to Lecarme, the parent company in Troyes, to undertake a feasibility study.

Task 1
Translation into English

Translate the text of the feasibility study for the approval of your Head of Personnel in Banbury.

Task 2
Discussion in pairs

On arrival in Troyes, discuss the project with the Works Manager, Eric Pontarlis, in order to establish the main stages of your study.

Task 3
Report in French

Draft a progress report outlining the various stages of the project and detailing the safety regulations which should apply during the renovation works.

Task 4
Presentation in French

Give an illustrated talk to the steering committee on your proposals for the layout and facilities of the new canteen.

NB Invent all details as required: names, dates, furnishings, equipment, size, costs, timescale, etc.

LEXIQUE

une unité de production	*production centre*
conditionner	*to package (goods)*
une gamme	*range (of products)*
un jus de fruit	*fruit juice*
un lancement	*(product) launch*
faire face à	*to face up to, cope with*
un parfum	*flavour (of soft drink)*
prisé(e)	*popular, esteemed*
à savoir	*that's to say*
le cassis	*blackcurrant*
un ananas	*pineapple*
embaucher	*to take on, hire (personnel)*
une taille	*size*
une étape	*stage (of project)*
planifier	*to plan, schedule*
le chemin critique	*critical path*
chiffrer	*to assess (the cost of sth.)*
les travaux de réfection	*renovation works*

ÉTUDE DE FAISABILITÉ

Cette étude concerne l'Unité de Production no. 3 où nous fabriquons et conditionnons la nouvelle gamme de jus de fruit. Depuis son lancement en février, la demande a plus que triplé. Afin d'y faire face, nous avons décidé d'installer trois autres lignes de production pour les trois parfums les plus prisés, à savoir orange, cassis et ananas.

Pour ce faire, il nous faut embaucher plus de personnel. Cependant, il faut que ces employés aient de la place pour travailler. La seule solution est par conséquent la démolition de la cantine, non seulement à cause de sa situation, mais aussi à cause de sa taille. Nous allons donc en reconstruire une plus spacieuse et plus agréable. De plus, les toilettes sont trop loin – nous allons les mettre près de la cantine. La cantine sera non-fumeur.

Pour une meilleure organisation, il vaudrait mieux diviser le projet en deux ou même trois étapes: d'abord étudier la documentation, ensuite planifier la construction de la cantine, c'est-à-dire sa situation, le coût et le chemin critique, et enfin chiffrer toutes ces améliorations. Nous envisageons de commencer les travaux de réfection dans un mois.

7 Réunions professionnelles

Presque toutes les entreprises organisent au moins un séminaire résidentiel par an, afin d'encourager la participation du personnel et de promouvoir la réflexion sur les stratégies commerciale et technique. L'on préfère très souvent les hôtels modernes car ils offrent tout l'équipement nécessaire dans une ambiance conviviale et détendue. En effet, pour bien réussir un séminaire, la préparation est de première importance.

Même pour deux jours, cela demande une organisation méticuleuse: la location des salles de réunion et du matériel audio-visuel, la restauration et les pauses, le parking et l'accueil. Il en découle parfois des effets très positifs et quasi immédiats sur le travail d'équipe à condition d'organiser «l'après-séminaire», dans le but de s'assurer de l'application de ce qui a été décidé et de mener ainsi le séminaire à bon terme.

LEXIQUE

une réunion	meeting
une entreprise	firm, company
au moins	at least
promouvoir	to promote
une ambiance	atmosphere
convivial(e)	friendly
détendu(e)	relaxed
réussir	to make a success of
demander	to need, require
méticuleux(-euse)	painstaking, thorough
la location	hire, hiring
la restauration	catering
une pause	break
un accueil	welcome, reception
découler de	to result from
quasi	almost
le travail d'équipe	team work
à condition de	provided that
dans le but de	with the aim of
s'assurer de qch.	to make sure of sth.
l'application de qch.	the carrying out, implementation of sth.
mener qch. à bon terme	to bring sth. to a successful conclusion

REMARQUES

les stragégies commerciale et technique: as there will be (only) one commercial and one technical strategy, the adjectives both remain in the singular

bien réussir son séminaire: distinguish between **réussir** to make a success of (sth.), to pass (an exam) and **réussir à (faire qch.)** to succeed in (doing sth.), to manage to (do sth.)

de première importance: as well as first, leading, **premier** can mean, as here, prime, utmost

cela demande: besides meaning to ask (for), **demander** is used here for to need, require, call for

il en découle: an impersonal use of **découler de** (to follow from, result from)

quasi immédiats: unlike **presque**, which can modify adjectives, adverbs, some pronouns and verbs, **quasi** (without a hyphen) is only used before adjectives

l'après-séminaire: a further seminar, conference or event intended to review what took place during the first one

ce qui a été décidé (lit. that which has been decided): **ce qui**, and not **qui**, is used when the relative pronoun does not refer to a specific noun

EXERCICE 1   Phrases-clés

Retrouvez ces phrases-clés dans le texte.

1 employee involvement

2 a friendly and relaxed atmosphere

3 to make one's seminar a real success

4 of the utmost importance

5 that requires thorough organization

6 the hiring of meeting rooms

7.1 **Un Grand Hôtel-Conférence**

Scénario

Suite à sa demande de renseignements sur les prestations offertes
par l'Hôtel Marianne, Régine Masson reçoit une réponse détaillée
de Claude Verrier du service clientèle.

L'Hôtel Marianne d'Angers
☆   ☆   ☆   ☆   ☆

Angers, le 22 février . . .

A l'attention de Madame Régine Masson

Madame,

   Nous vous remercions de votre demande de renseignements, et de l'intérêt que vous portez à nos prestations.

   Situé dans un quartier prestigieux, l'Hôtel Marianne d'Angers s'est transformé jusqu'à devenir le plus grand Hôtel-Conférence de l'Ouest de la France. Depuis octobre dernier, notre complexe hôtelier vous accueille dans des chambres aussi spacieuses que confortables en vous offrant également des salles de conférences et des équipements ultramodernes.

   Le réseau TGV Atlantique, les nouveaux aménagements urbains et commerciaux, dont 250 000 m^2 de bureaux et de commerces, font de la ville d'Angers un centre d'affaires capital. Au cœur de ce remarquable projet, nous avons entrepris des travaux importants pour sa rénovation.

   Avec son nouveau Centre de Conférences, notre hôtel peut accueillir plus de 400 congressistes dans une surface de 7 500 m^2, dont cinq salles de réunion d'une superficie de 360 m^2. Modulables à volonté, toutes nos salles sont dotées d'installations audio-visuelles de pointe: enregistrement en vidéo, salle de contrôle intégrée, sonorisation.

   Vous trouverez dans notre Centre tout le matériel nécessaire pour présenter vos projets: tableau papier, carrousel de diapositives, rétroprojecteur, photocopieur. Nous avons aussi modernisé nos services de restauration, et ouvert une nouvelle brasserie avec vue sur le château.

   Nos congressistes trouveront un accueil personnalisé et des services traditionnels, avec tout le confort attendu d'un grand hôtel de la chaîne Marianne. Notre personnel est à votre service pour assurer le bon déroulement de votre séjour.

   Que vous choisissiez la formule **Journée d'Etude** avec salle de réunion, deux pauses et déjeuner, ou la formule **Séminaire Résidentiel** avec salle de réunion, hébergement, petit déjeuner, deux pauses, déjeuner et dîner, vos séminaires seront toujours professionnels.

   Si vous souhaitez vous renseigner sur toutes les prestations qui vous sont offertes pour organiser vos séminaires et réunions professionnelles, nous vous ferons parvenir une brochure illustrée sur notre hôtel. Il vous suffit simplement de nous renvoyer le bon ci-dessous.

   Dans cette attente, nous vous prions de croire, Madame, à l'assurance de nos sentiments les meilleurs.

Service Clientèle
Claude VERRIER

LEXIQUE

une demande de renseignements	*inquiry*
porter de l'intérêt à qch.	*to be interested in sth.*
une prestation	*service*
jusqu'à	*to the point of*
accueillir	*to accommodate*
un réseau	*network*
un aménagement urbain	*urban development*
un commerce	*shop*
capital(e)	*major*
des travaux (mpl.)	*roadworks*
un(e) congressiste	*conference delegate*
une superficie	*floor area*
modulable	*adjustable*
à volonté	*at will, as required*
doter de	*to equip with*
de pointe	*advanced, leading (facilities)*
l'enregistrement en vidéo	*videotaping*

une salle de contrôle intégrée	*built-in control room*
la sonorisation	*PA system*
un tableau papier	*flip chart*
un carrousel de diapositives	*slide carrousel*
un rétroprojecteur	*overhead projector*
attendu(e) de	*expected of*
une chaîne	*(hotel) chain*
assurer	*to ensure*
le bon déroulement	*the smooth running*
un séjour	*stay (in a hotel)*
une formule	*option*
l'hébergement (m.)	*accommodation*
se renseigner sur	*to inquire, find out about*
faire parvenir à qn	*to send, forward (sth.) to sb.*
renvoyer	*to return, send back*
le bon ci-dessous	*the coupon below*

REMARQUES

le plus grand Hôtel-Conférence de l'Ouest: after a superlative French uses the preposition **de** where English uses *in* (*the west*)

vous accueille: besides meaning *to welcome*, **accueillir** can also mean, as here, *to accommodate* (*people*); note that **accueillir** is conjugated as an **-er** verb in the present tense

le TGV Atlantique: the high-speed train serving the west and south-west of France

dont 250 000 m² de bureaux: when used without a verb, **dont** (*of which*) gives the meaning *including*; note that French leaves a space before thousands where English has a comma, and that **m²** stands for **mètres carrés**

font de la ville d'Angers: lit. *make of the town of Angers*

des travaux importants: the plural **travaux** is used for *construction* or *renovation work*; also *roadworks*

plus de 400 congressistes: note the use of the preposition **de** before a number where English uses *than*

dont cinq salles de réunion: cf. above **dont 250 000 m² de bureaux**

tout le matériel: besides meaning *material*, **matériel** can also mean, as here, *equipment*

tout le confort attendu: besides meaning *awaited*, **attendu** can also mean, as here, *expected*

le bon déroulement de votre séjour: lit. *the good running of your stay*

que vous choisissiez ... ou ...: the subjunctive is used here, for *whether ... or ...*, in an independent clause; that is, it is not dependent on a preceding noun, verb, etc

vous renseigner: the infinitive depends on the preceding finite verb **si vous souhaitez**, and is not to be confused with **vous renseignez**

qui vous sont offertes (*which are available to you*, lit. *which to you are offered*): **offertes** agrees with **prestations**

vos séminaires et réunions professionnelles: note that the adjective **professionnelles** agrees with **réunions** only, and that it would take a masculine plural agreement if it also agreed with **séminaires**

nous vous ferons parvenir: lit. *we will make to reach to you*, that is, *we will send you*

il vous suffit ... de (lit. *it is necessary for you to*): an impersonal use of **suffire** meaning *all you have to do is, just*

nous renvoyer le bon: distinguish between the noun **le bon** (*coupon*) and the adjective **bon, bonne** (*good*); for the use of the infinitive which depends on the preceding **il vous suffit de**, cf. above **vous renseigner**

EXERCICE 2   Phrases-clés

Retrouvez ces phrases-clés dans le texte.

1   state-of-the-art equipment

2   the Atlantic High-Speed Train network

3   the new urban developments

4   a major business centre

5   large-scale renovation work

6   its new Conference Centre

7   over 400 conference delegates

8   advanced audiovisual facilities

9   a built-in control room

10   all the equipment needed

11   the Residential Seminar option

12   to return the coupon below

EXERCICE 3   Entraînement oral

Lisez les phrases suivantes en français, puis traduisez-les en anglais.

A

- une surface de 7 500 m^2
- une superficie de 360 m^2
- une zone industrielle de 11 km^2
- une carte magnétique de 42 cm^2
- des bureaux modernes de 480 m^2
- un centre commercial de 3,9 km^2
- un écran de 516 cm^2
- des commerces de 770 m^2

B

- Que vous choisissiez l'ouest ou l'est du pays . . .
- Qu'ils aillent à Lyon ou à Strasbourg . . .
- Qu'elle établisse un devis ou une facture . . .
- Que je sois remboursé intégralement ou non . . .
- Que nous lisions le rapport ou la note de service . . .
- Que vous oubliiez la date ou l'heure du vol . . .
- Qu'il veuille revenir aujourd'hui ou demain . . .
- Qu'elle me fasse parvenir une brochure ou non . . .

7.2 Choisir un centre de conférences

Scénario

Après avoir étudié la documentation envoyée par l'Hôtel Marianne, Régine Masson va voir le directeur commercial Jacques Norbert afin de prendre les dispositions nécessaires pour l'organisation d'une conférence.

EXERCICE 4   Questions sur les discussions

1 Quelle tâche Mme Masson a-t-elle été chargée d'effectuer?

2 Quelle documentation a-t-elle reçue de la chaîne Marianne?

3 Selon quel critère porte-t-elle son choix sur l'hôtel d'Angers?

4 Sur quel aspect M. Norbert veut-il mettre l'accent?

5 Quel argument utilise Mme Masson pour convaincre M. Norbert?

6 Comment M. Norbert envisage-t-il le choix de cet hôtel?

7 Quels services propose l'Hôtel Marianne d'Angers?

8 Que comprend le prix forfaitaire?

9 Pourquoi Mme Masson trouve-t-elle ce prix intéressant?

10 De quoi Mme Masson doit-elle s'occuper maintenant?

LEXIQUE

un réseau de vente	*sales network*
sur place	*on the spot*
le rapport qualité–prix	*the quality–price ratio*
chacun(e)	*each, each one*
en arriver à	*to arrive at (a conclusion)*
plûtot que	*rather than*
être à la base de	*to be at the root of, heart of*
certes	*admittedly*
un budget serré	*a tight budget*
empêcher qn de faire qch.	*to prevent sb. from doing sth.*
un(e) invité(e)	*guest*
il y va de qch.	*sth. is at stake*
une image de marque	*brand image*
ne pas avoir de prix	*to be priceless*

convenable	*suitable, appropriate*
loger	*to house, accommodate*
avoir à sa disposition	*to have the use of*
revenir à	*to amount to, cost*
le standing	*level, standard (of comfort)*
quand même	*all the same, nevertheless*
la mise à disposition de	*the provision of (sth.)*
à cela s'ajoute(nt)	*to that can be added*
j'y arrivais	*I was coming to that*
un prix forfaitaire	*all-inclusive price*
l'hébergement (m.)	*accommodation*
s'occuper de	*to take care of, see to*
en avoir l'habitude	*to be used to (doing) sth.*
se charger de	*to take care of, take charge of*

Discussions au bureau du directeur commercial

JN: Jacques Norbert, *directeur commercial de la société Lannay*

RM: Régine Masson, *assistante de direction de Monsieur Norbert*

JN Entrez donc, Régine. Où en êtes-vous avec cette conférence des 15 et 16 mai sur notre réseau de vente à l'étranger?

RM Bonjour, Monsieur Norbert. Eh bien, je pense avoir trouvé la solution. J'ai en fait reçu une documentation sur deux hôtels de la chaîne Marianne qui offrent un centre de conférences sur place. Après avoir étudié le rapport qualité–prix de chacun, je suis arrivée à la conclusion que nous pourrions très bien choisir l'hôtel d'Angers plutôt que celui de Paris.

JN Vous avez peut-être raison, mais est-ce la question des finances qui est à la base de votre choix? Certes, nous avons un budget serré, mais je ne veux pas que cela nous empêche de bien recevoir nos invités! Il y va de notre image de marque et celle-ci n'a pas de prix.

RM Oui, je sais, mais celui d'Angers me semble offrir des services plus que convenables, et à un prix tout à fait raisonnable. Pour 29 600 francs, nos 40 invités seraient logés en chambres individuelles à 370 francs la nuit par personne et nous aurions à notre disposition deux salles de conférences pour

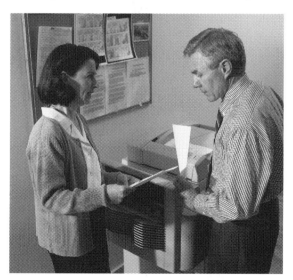

les deux jours. Si nous choisissions Paris, ces deux jours nous reviendraient à 56 400 francs, c'est-à-dire presque le double, et sans grande différence de standing!

JN Je vois comme vous que la différence de prix est énorme. Dites-moi quand même ce que l'hôtel d'Angers propose pour ce prix-là . . .

RM Eh bien, comme je vous l'ai dit, le prix de la chambre individuelle par nuit est de 370 francs, petit déjeuner inclus. Il comprend la mise à disposition de deux salles de conférences avec tout l'équipement nécessaire pour nos présentations. A cela s'ajoutent deux pauses au cours de la journée: nos invités auront le choix entre un café et un jus d'orange.

JN Et la restauration?

RM J'y arrivais . . . Les deux repas, midi et soir, sont inclus dans le prix forfaitaire, avec café et boisson compris. Cela me paraît donc intéressant car à Paris la chambre à elle seule coûte 750 francs. Il nous faudrait ajouter 250 francs par personne pour le déjeuner et le dîner!

JN Oui, oui, je comprends votre position pour l'hébergement. Eh bien, Régine, je crois que vous m'avez convaincu! Allons-y pour Angers, c'est moins coûteux.

RM Et surtout la qualité est assurée.

JN Eh bien, voilà une bonne chose de faite! Au revoir, et merci. Je vous laisse vous occuper de tous les détails: réservations, lettres d'invitation, etc. Vous en avez l'habitude.

RM Entendu, je m'en charge. Au revoir, Monsieur Norbert.

R E M A R Q U E S

où en êtes-vous avec . . . ? (*where have you got to with . . . ?*): note the idiomatic use of **en** in this expression

des 15 et 16 mai: alternative ways of expressing these dates include **du 15 et du 16 mai** and **du 15 au 16 mai**

je pense avoir trouvé: the infinitive **avoir** is used here as Madame Masson both *thinks* and *has found*

après avoir étudié (*after studying*): the French must use an infinitive after the preposition **après** (lit. *after having studied*)

celui de Paris (*the one in Paris*, lit. *the one of Paris*): note that **celui** refers to **l'hôtel de Paris**, and cf. below **celui d'Angers**

cela nous empêche: the subjunctive used after **ne pas vouloir que**, although the form here is the same as the indicative

il y va de: an impersonal use of **aller** for something which is at stake

celle-ci n'a pas de prix: note that **celle-ci** refers to **image de marque**, which is feminine singular

si nous choisissions: French observes the sequence of tenses, that is, **si** + the imperfect **choisissions** in the dependent clause, with the conditional **reviendraient** in the main clause

ce prix-là: the addition of **là** makes the noun more specific, that is, *that particular rate*

le prix . . . est de 370 francs: the preposition **de** is used when giving figures, prices, etc. with **être**

il comprend: note that **comprendre** here means *to include*, and that **il** refers to **le prix de la chambre individuelle**

à cela s'ajoutent deux pauses (*to that can be added two breaks*, lit. *two breaks add themselves to that*): note the word order with this expression: the (plural) subject follows the verb (which must also be in the plural)

j'y arrivais: an idiomatic use of **arriver à** (*to come to it*), that is, to the point under discussion

café et boisson compris: for the meaning of **comprendre**, cf. above **il comprend**; note also that **compris** qualifies both **café** and **boisson** and is therefore in the masculine (plural)

la chambre à elle seule: *the room on its own, by itself*

allons-y pour Angers: distinguish between **allons-y** (*let's go somewhere*) and **allons-y pour** (*let's choose something*)

c'est moins coûteux: *it's cheaper, it's not so expensive*, lit. *it's less expensive*

voilà une bonne chose de faite: a set expression, *that's a good job well done*; cf. **c'est chose faite** (*it's all done*)

je vous laisse vous occuper de: the infinitive of the reflexive verb **s'occuper de** depends on **je vous laisse**, and is not to be confused with **vous occupez**

entendu: distinguish between the expression **(c'est) entendu** (*that's agreed, settled*), **entendre** (*to hear*) and **bien entendu** (*of course*)

EXERCICE 5   Entraînement grammatical

Traduisez en français les phrases suivantes selon le modèle.

A   *L'Hôtel d'Angers plutôt que celui de Paris*

- Lannay's brand image rather than Brague's
- their drinks rather than Paviot's
- our services rather than those of our competitors
- her choice rather than the sales manager's
- your brochures rather than those of the Dubois company
- my office rather than my secretary's

B   *Si nous choisissions Paris, ces deux jours nous reviendraient à 56 400 francs.*

- If you wanted to present your projects, you would have all the equipment you need.
- If she studied the quality–price ratio, we could choose between these hotels.
- If we had a tight budget, we would have to find a cheaper conference centre.
- If the hotel offered an all-inclusive price, I would agree with your decision.
- If that prevented us from receiving our guests properly, we would have to look somewhere else.
- If I chose the hotel in Poitiers, the seminar would cost us 62,800 francs.

7.3 **La logistique du séminaire**

Scénario

Le directeur commercial ayant donné son accord, Régine Masson contacte l'Hôtel Marianne d'Angers afin d'organiser leur prochain séminaire et faire les réservations.

EXERCICE 6   Questions sur la conversation

1 Pourquoi Mme Masson téléphone-t-elle à l'Hôtel Marianne?

2 Quelles salles de conférences veut-elle réserver?

3 Que comprend le prix de réservation des salles?

4 Quelle formule Mme Masson a-t-elle choisie?

5 Quels menus l'hôtel propose-t-il à ses clients?

6 Comment Mme Masson va-t-elle choisir entre ces menus?

7 Combien de repas au total prendront les invités?

8 Quelles sont les coordonnées de la société Lannay?

9 Comment s'effectue la réservation?

10 De quoi le chèque sera-t-il accompagné?

LEXIQUE

disponible	available
une disposition en U	a U-shaped layout
retenir à l'avance	to reserve in advance
un magnétoscope	video recorder
trois menus au choix	a choice of three menus
une entrée	starter
un plat principal	main course
convenir à qn	to suit sb.
reprendre	to go over again, recap
repartir	to leave (again)
les coordonnées (fpl.)	address and telephone number
de la part de	on behalf of
verser	to put down, pay (a deposit)
le montant total	the total amount, value
joindre	to enclose (with a letter)

REMARQUES

j'écoute: *can I help you?* (lit. *I'm listening*)

les 15 et 16 mai prochains: note that **prochains** agrees with **les** which is used to refer to both days

vous savez déjà lesquelles: note that **lesquelles** agrees with **salles** in the preceding sentence

que vous nous avez envoyée: as the verb is conjugated with **avoir**, the past participle agrees with the preceding direct object **documentation**

disposer d'un rétroprojecteur: note that **disposer de** means *to have (at one's disposal)* and that *to dispose of* is usually rendered in French as **se débarrasser de**, **détruire** or **jeter**

cela ne pose aucun problème: note that **ne ... aucun** completes the negative and that **pas** is not required

celle à 370 francs: note that **celle** agrees with **formule**, and that a more stylistically correct form would be **celle qui est à 370 francs**

ils comprennent tous: a further example of **comprendre** used to mean *to include*; note that the pronoun **tous** refers to **ils**, that is, **menus**

vous choisissiez: the subjunctive is used after **afin que**; here it has the same form as the imperfect indicative

ceux qui vous conviennent: note that **ceux** agrees with **menus**, masculine plural

ce qui fait un total: note that **ce qui** (lit. *that which*) is used to refer to the catering arrangements as a whole rather than to a specific noun

c'est bien ça?: *is that right?*

vous demander: the infinitive **demander** depends on the preceding **je vais**; not to be confused with **vous demandez**

le 02.99.50.61.87: French telephone numbers are given two at a time; 02 is the area code for the north-west of the country

verser dix pour cent du montant: note that **verser** here means *to pay (a deposit)*; other meanings include *to pay in* (money into a bank, an account) and *to pour* (a liquid)

nous joindrons un chèque: note that **joindre** here means *to attach, to enclose*; other meanings include *to join* and *to contact* (sb. by phone)

Conservation téléphonique

CV: Claude Verrier, *du service clientèle à l'Hôtel Marianne*

RM: Régine Masson, *assistante de direction à la société Lannay*

CV Hôtel Marianne d'Angers, j'écoute!

RM Bonjour, Monsieur, ici Régine Masson, de la société Lannay à Rennes. Je vous appelle car nous voudrions organiser un séminaire résidentiel chez vous les 15 et 16 mai prochains.

CV Ce serait pour combien de personnes?

RM Pour 40 personnes.

CV Attendez, je vais voir . . . Oui, toutes nos salles de conférences sont disponibles pour ces dates. Vous savez déjà lesquelles vous voulez réserver?

RM Oui, en fait nous aimerions réserver les salles Boileau et Colbert, car nous voudrions adopter une disposition en U comme il est indiqué sur la documentation que vous nous avez envoyée.

CV C'est tout à fait possible, Madame. Vous savez sans doute que vous pouvez retenir à l'avance tout l'équipement inclus dans le prix des salles?

RM Justement, nous aimerions disposer d'un rétroprojecteur et d'un magnétoscope pendant ces deux jours.

CV Cela ne pose aucun problème. C'est noté, Madame. Mais j'ai oublié de vous demander quelle formule vous choisissez: la formule à 145 francs ou celle à 370 francs par personne.

RM C'est vrai, j'aurais dû être plus précise. Nous voudrions la deuxième, le séminaire résidentiel à 370 francs.

CV Alors, nous avons trois menus au choix. Ils comprennent tous une entrée, un plat principal, du fromage et un dessert. Je peux vous envoyer ces menus afin que vous choisissiez ceux qui vous conviennent.

RM Oui, ce serait très utile, merci.

CV Donc, reprenons . . . Vous prendrez deux repas par jour à l'hôtel en plus du petit déjeuner, ce qui fait un total de deux petits déjeuners, deux déjeuners et deux dîners. C'est bien ça?

RM Euh . . . oui et non. Nos invités arriveront en fait le 14 mai au soir et repartiront le 16 mai en fin d'après-midi. Ils prendront donc un dîner le 14 mai et un autre le 15 mai, plus un petit déjeuner et un déjeuner les 15 et 16 mai.

CV D'accord, c'est parfait. Je vais simplement vous demander de me donner vos coordonnées.

RM Alors, j'appelle de la part de la société Lannay, au 135, Avenue du Canada, Rennes. Le numéro de téléphone de la société est le 02.99.50.61.87.

CV Très bien, entendu. Nous demandons aussi à nos clients de verser dix pour cent du montant total lorsqu'ils font une réservation.

RM Oui, bien sûr. Nous joindrons un chèque de ce montant à notre lettre de confirmation.

CV Je vous remercie, Madame. Au revoir, et bonne journée!

RM Merci, vous aussi. Au revoir, Monsieur.

EXERCICE 7   Entraînement grammatical

Traduisez en français les phrases suivantes selon le modèle.

A   *Cela ne pose aucun problème.*

- That was no problem at all.
- That would be no difficulty at all.
- That has been no problem at all.
- That had never been any difficulty at all.
- That would never have been a problem at all.
- That will never be any difficulty at all.

NB poser un problème, présenter une difficulté

B   *afin que vous choisissiez les menus qui vous conviennent*

- so that she receives the information pack which suits her
- so that we reserve the rooms which suit us
- so that I leave at the time which suits me
- so that they have the dates which suit you
- so that you buy the answering machine which suits her
- so that he chooses the services which suit them

7.4 Notre prochain séminaire

Traduisez en anglais le programme ci-dessous.

BORDER COUNTRYWEAR

LIEU

Hôtel Albert, Place Mazelle, 57000 Metz

DATES

Du 11 au 12 octobre (deux jours)

OBJECTIFS

- Développer une stratégie en accord avec la capacité exportatrice de notre entreprise.
- Augmenter nos chances de réussite sur le marché français.
- Maintenir le dialogue avec tous nos agents français.

MARDI 11 OCTOBRE

LA SITUATION ACTUELLE EN FRANCE

09 h 30 Accueil des invités par Mme Claire Thomas, Directrice Commerciale de Border Countrywear

10 h 00 Rapports d'agents commerciaux de certaines régions françaises

12 h 30 Déjeuner servi dans la salle de séminaire

14 h 00 Visite du centre de distribution de la Société à Pont-à-Mousson

18 h 30 Fin de la visite

20 h 00 Dîner dans le Restaurant Albert

MERCREDI 12 OCTOBRE

ENCORE PLUS PERFORMANT DEMAIN

09 h 30 Présentations des nouvelles gammes de la Société

11 h 00 Projection des nouvelles annonces pour la télévision française

12 h 30 Déjeuner dans le Restaurant Albert

14 h 00 Forum

16 h 30 Discours de clôture prononcé par M. Clive Thompson, Directeur Général

17 h 00 Dates et lieu du prochain séminaire

LEXIQUE

un lieu	venue	un agent commercial	sales representative
en accord avec	in keeping, consistent with	performant(e)	competitive, efficient
une capacité exportatrice	export capacity	une projection	showing, screening
une réussite	success	une annonce	(television) commercial
maintenir le dialogue	to keep in touch, in contact	un forum	open debate
		un discours de clôture	closing speech
la situation actuelle	the current situation	prononcer	to give, deliver (a speech)

EXERCICE 9   Lettre de réservation

Traduisez en français la lettre ci-dessous.

BORDER COUNTRYWEAR

Dear Sir,

Further to our telephone conversation of today, I'm pleased to inform you that our company has chosen the Clermont Hotel in Bordeaux for our forthcoming seminar which will take place from 26th to 27th February next.

Your all-inclusive Clermont Conférences package appears to meet our needs perfectly. We would therefore like to avail ourselves of it to book 32 separate rooms for this seminar.

We would also like you to provide us with two seminar rooms, with all the audio-visual equipment needed to screen films over these two days. We plan to use these rooms from 9am to 5.30pm each day. Our delegates will have dinner in the Clermont Restaurant on 25th and 26th February.

Please find enclosed our cheque to the amount of 2,960 French francs as agreed. We should be grateful if you would kindly confirm in writing, and as soon as possible, that you are able to accommodate us on these terms for these dates.

Yours faithfully,

Claire Thomas
Sales Manager

LEXIQUE PROPOSE

avoir le plaisir de
comme convenu
correspondre aux besoins de qn
un(e) congressiste
dans ces conditions
dans les plus brefs délais
un entretien téléphonique
envisager de

un forfait tout compris
mettre à la disposition de qn
se dérouler
au montant de
occuper une salle
par écrit
la projection de films
trouver ci-joint

Réunion risques industriels

Situation

Your company, Rammage Chemicals, has decided to undertake a review of procedures at its subsidiary which is located in eastern France. You have been transferred to the factory in Montbéliard, where the works manager has provided you with the following outline and asked you to make all the necessary arrangements.

Task 1
Telephone conversation in pairs

Contact the Grand Hôtel Sélect in Belfort to inquire about the availability and suitability of their conference facilities. Make a provisional booking for your seminar, including dates, costs, rooms and equipment, accommodation and catering.

Task 2
Letter of reservation in French

Following the works manager's approval of these arrangements, write a letter to the hotel making a firm reservation, enclosing a deposit and asking for prompt confirmation.

Task 3
Conference programme in French

Draw up a detailed seminar programme for the two days, giving dates, times, aims, visits, meal times, presentations and speakers.

Task 4
Business meeting in pairs

In order to build on the success of this seminar, the works manager has decided to set up a programme of one-day meetings, to be held alternately in France and the UK. Discuss with him which facilities and equipment will be needed to conduct these events on site, and which topics call for further study.

NB Invent all details as required: names, addresses, dates, costs, visits, etc.

LEXIQUE

le conseil d'administration	board of directors
revoir	to go over, review
les facilités de stockage	storage facilities
les consignes de sécurité	safety procedures
au sein de	(with)in
hors de	outside
prévoir	to make provision for, allow for
un chef de service	department head
un chef d'atelier	(workshop) foreman
convenable	suitable, appropriate
établir	to prepare, draw up (a programme)
la sensibilisation à qch.	making (people) aware of sth.
une intrusion	unauthorized entry
une caméra	(TV) camera
émulsifiant(e)	emulsifying

SOCIÉTÉ RAMMAGE

Zone Industrielle Sud – 25200 MONTBELIARD

Suite à la décision du Conseil d'administration de revoir toutes les facilités de stockage ainsi que toutes les consignes de sécurité au sein de notre entreprise, nous envisageons d'organiser un séminaire pour en discuter.

Il faudra trouver un centre de conférences hors de l'usine mais facilement accessible, et prévoir au moins deux jours vers la fin du mois prochain. Il s'agit donc d'un séminaire résidentiel auquel nous inviterons tous les chefs de service et les chefs d'atelier à Montbéliard, plus deux ingénieurs de l'usine à Sheffield, ce qui nous donnera une vingtaine de personnes.

Nous sommes à la recherche d'un hôtel-conférence convenable – salles de séminaire, équipement audio-visuel, hébergement, restauration, etc. Il faudra établir le programme pour la réunion, basé sur les deux thèmes suivants:

1 **La fonction stockage**
   - Stockage et emploi de liquides inflammables
   - Stockage et emploi de gaz butane
   - Visite des ateliers et du centre de stockage
2 **La fonction sécurité**
   - Information et sensibilisation à la sécurité
   - Protection contre l'intrusion
   - Film: Installation de caméras et centralisation des alarmes
   - Utilisation de produits émulsifiants

Le Directeur Général, M. François Demaury, fera un discours d'ouverture. Je tiens à recevoir personnellement tous nos invités, et je ferai également la conclusion sur nos débats à la fin du séminaire.

le Directeur technique
Guy MERIGNAC

Au Salon de l'Emballage

Les emballages que nous utilisons aujourd'hui sont le résultat de plus de 30 ans de recherche et de développement. Si le papier et le carton restent en tête devant le verre, ce sont les métaux et les plastiques qui enregistrent la plus forte croissance.

La production de plastique trouve son principal débouché dans l'emballage. La première place est occupée par l'agro-alimentaire, suivi de la santé et de la beauté, puis des détergents, de l'habillement, des jeux, de la papeterie, et enfin du tabac. Comment promouvoir les emballages? Les clients comme les fournisseurs trouvent un lieu idéal de rencontre au Salon de l'Emballage, monté chaque année au Palais des Congrès à Paris.

LEXIQUE

un salon	*(trade) show*
un emballage	*(cardboard or plastic) packaging*
le carton	*cardboard*
rester en tête	*to remain at the head, top*
enregistrer	*to record, register*
la croissance	*(economic) growth*
un débouché	*market, outlet*
l'agro-alimentaire (m.)	*food-processing industry*
la santé	*health*
l'habillement (m.)	*clothing*
la papeterie	*stationery*
promouvoir	*to promote (goods)*
un fournisseur	*supplier*
un lieu de rencontre	*meeting place*
monter	*to put on (show)*

REMARQUES

plus de 30 ans: note that **plus** (and **moins**) take the preposition **de** before a number, as opposed to the English *than*

si le papier et le carton . . .: note that **si** here indicates not a hypothesis (*if*), but an opposition (*whilst, whereas*)

suivi de la santé et de la beauté: note that **suivi** takes the preposition **de**, as opposed to English *followed by*, and that the preposition is repeated before all the following nouns; note also that **suivi** agrees with **l'agro-alimentaire** (and not **place**)

comment promouvoir les emballages?: the infinitive is here used after **comment** to give the meaning *what should be done in order to promote packaging?*

monté chaque année: as well as *to go up*, **monter** can also mean *to organize, assemble, put on*

le Palais des Congrès: an important conference centre at the Porte Maillot, to the north-west of the Place de l'Etoile (and near the Air France terminal)

EXERCICE 1   Phrases-clés

Retrouvez ces phrases-clés dans le texte.

1   at the packaging show

2   the result of more than 30 years

3   of research and development

4   paper and cardboard

5   metal and plastic

6   the biggest increase

7   its main outlet

8   the food-processing industry

9   followed by health and beauty

10   to promote packaging

11   clients as well as suppliers

12   an ideal meeting place

8.1 Votre badge d'accès

Scénario

Le service marketing du Palais des Congrès a préparé un circulaire
à l'intention des fournisseurs et des professionnels qui envisagent
d'assister au prochain Salon de l'Emballage.

R e n s e i g n e m e n t s   p r a t i q u e s

LE SALON DE L'EMBALLAGE

PARIS, le 2 septembre . . .

Madame, Monsieur,

Nous vous remercions de l'intérêt que vous manifestez pour notre Salon.

Le **SALON DE L'EMBALLAGE** aura lieu du 7 au 9 octobre au Palais des
Congrès, 2, Place de la Porte Maillot, 75017 Paris.

L'année dernière, plus de 5 000 professionnels de l'emballage ont visité
notre exposition et plus de 400 ont participé aux conférences.

Cette année, le **SALON DE L'EMBALLAGE** vous propose:

- Une base de données centrale recensant les produits, les logiciels et les
services proposés par les exposants.
- Une zone consacrée à tous vos besoins en matériel, mobilier, fournitures
et services, pour vos bureaux d'études et vos dessinateurs industriels.
- Un nouveau centre conseil réunissant tous nos spécialistes pour vous
guider dans vos recherches.
- Des ateliers, des conférences et des journées d'études conçus pour vous
apporter des solutions concrètes à vos problèmes, avec des bancs d'essai
et des tables rondes.
- Une exposition dans laquelle 160 fournisseurs vous présentent les logiciels
et le matériel informatique de pointe utilisés dans l'Industrie de
l'Emballage.

Vous trouverez ci-joint notre brochure, les fiches techniques et le
programme des ateliers et des animations. Le programme des conférences
sera disponible courant septembre.

Pour recevoir votre badge d'accès, retournez la carte d'invitation ci-
dessous, avant le 16 septembre. Au-delà de cette date, adressez-vous à la
réception.

Dans l'attente de vous accueillir au **SALON DE L'EMBALLAGE**, nous vous
prions d'agréer, Madame, Monsieur, l'expression de nos sincères
salutations.

le Service Marketing
Nicole AUGEREAU

L E X I Q U E

un badge d'accès	entry badge
un circulaire	circular (letter)
à l'intention de	(intended) for
envisager de	to plan to (do sth.)
assister à	to attend
prochain(e)	forthcoming
un renseignement	(piece of) information
manifester	to show, demonstrate
avoir lieu	to take place, be held
une exposition	exhibition
participer à	to take part in
une base de données	database
recenser	to list
un logiciel	software package
un(e) exposant(e)	exhibitor
une zone	area
consacrer à	to devote to
le mobilier	furniture
les fournitures (fpl.)	(office) supplies
un bureau d'études	design office

un dessinateur	(industrial) draughtsman
un centre conseil	advice centre
réunir	to bring together
un atelier	workshop
une journée d'études	study day
concevoir (pp. conçu)	to devise, design
concret(-ète)	specific, practical
un banc d'essai	test bench
le matériel informatique	computer hardware
de pointe	state-of-the-art
trouver ci-joint	to find enclosed, attached
une fiche technique	technical data sheet
une animation	event
disponible	available
courant	during the course of
ci-dessous	below
s'adresser à	to contact
dans l'attente de	looking forward to

R E M A R Q U E S

recensant les produits: the verb **recenser** can mean, as here, *to list* (*objects, etc.*) as well as *to take a census* (*of the population*)

mobilier, fournitures: distinguish **le mobilier de bureau** (*office furniture*) from **un meuble** (*a piece of furniture*) and also from **la fourniture de bureau** (*office stationery, supplies*)

pour vous guider: the infinitive **guider** follows the preposition **pour** and is not to be confused with **vous guidez**; cf. below **pour vous apporter**

des ateliers . . . conçus: note that **conçu** is the past participle of the verb **concevoir** meaning *to design,* as well as *to conceive* (*a child*)

des solutions concrètes: note that **concret(-ète)** is here the adjective *concrete, specific, practical,* and that the French for the English noun *concrete* is **le béton**

une exposition dans laquelle (*an exhibition at which, where*): the various forms of **lequel** are used after a preposition when referring to an object or objects, here a feminine noun

de pointe (*advanced, state-of-the-art, high-tech*): referring to **les logiciels** as well as **le matériel informatique**

vous trouverez ci-joint (*please find enclosed, attached; lit. you will find here enclosed*): note that in this expression **ci-joint** is an adverb, and therefore cannot take any agreement (that is, with **notre brochure**)

courant septembre: the preposition **courant** means *some time in, during the course of* (*a month*)

ci-dessous: like **ci-joint**, **ci-dessous** (*below*) is an adverb and cannot take any agreement (that is, with **la carte d'invitation**)

adressez-vous à la réception: besides meaning *to speak to sb.,* **s'adresser à qn** can mean *to go and ask, to contact sb.*

SALON DE L'EMBALLAGE DU 7 AU 9 OCTOBRE

Michel CALVERT
Service Export
LAVIGNAC PACKAGING

EXERCICE 2   Phrases-clés

Retrouvez ces phrases-clés dans le texte.

1 a central database

2 software packages

3 your design offices

4 your draughtsmen

5 a new advice centre

6 practical solutions to your problems

7 advanced information technology hardware

8 the packaging industry

9 please find enclosed

10 to receive your entry badge

11 return the invitation card below

12 contact the reception office

EXERCICE 3   Entraînement grammatical

Traduisez en français les phrases suivantes selon le modèle.

A   *Le Salon aura lieu du 7 au 9 octobre.*

- The study days will be held after 21st February.
- The seminar had been held on 11th October.
- The workshops were held from 1st to 3rd November.
- The exhibition will not be held beyond that date.
- The round tables had been held from 14th to 16th January.
- The conference was not held before 8th April.

B   *Le programme sera disponible courant juin.*

- The conference room will be open at the beginning of May.
- The software packages were put on sale before 1st March.
- The reception office will not be closed on 18th September.
- The entry badges will be available in two weeks' time.
- The study day had been organized before 31st August.
- The design offices will not be ready until after Easter.

8.2 Louer un stand au Salon

Scénario

Michel Calvert, du service export à Lavignac Packaging, téléphone
à Nicole Augereau du service marketing au Palais des Congrès pour
discuter de la possibilité de louer un stand au prochain salon.

EXERCICE 4 Questions sur l'entretien

1 M. Calvert s'y prend-il un peu tôt pour
réserver un emplacement au prochain Salon
de l'Emballage?

2 Quels sont les principaux visiteurs au salon?

3 Reçoit-on beaucoup de visiteurs étrangers au
salon?

4 Cette situation convient-elle à M. Calvert?

5 M. Calvert pourra-t-il équiper son stand lui-
même?

6 La date limite d'inscription est-elle déjà
passée?

7 Comment ce salon est-il promu?

8 La télévision française couvre-t-elle ce salon?

9 Invite-t-on les professionnels de l'emballage
aussi bien que le grand public?

10 Mme Augereau a-t-elle persuadé M. Calvert de
s'inscrire au salon?

LEXIQUE

louer	to rent, hire	**un(e) exposant(e)**	exhibitor (at a show)
à l'appareil	speaking (on the phone)	**expédier**	to send
prochain(e)	forthcoming	**les desiderata**	wishes, requirements
un emplacement	site	**transmettre**	to pass on, convey
s'y prendre	to set about (doing) sth.	**un entrepreneur**	contractor
se faire rare	to become scarce	**une date limite**	deadline
un fabricant	manufacturer	**une inscription**	registration (at the
les produits alimentaires	foodstuffs		stand)
les produits d'entretien	(household) cleaning	**promouvoir**	to promote, publicize
	products	**lors de**	at the time of
bref	in short	**la dernière édition du**	the last, previous show
un flacon	(stoppered) bottle	**salon**	
un pot	pot, jar	**faire un reportage**	to report (on), cover
prévoir	to foresee, anticipate	**les informations (fpl.)**	the (TV) news
une augmentation	increase	**le grand public**	the general public
un chiffre	number, figure	**les articles de**	packaging components,
cibler	to target	**conditionnement**	materials
agencer	to construct, install (a	**les PME (les petites et**	small and medium-sized
	stand)	**moyennes entreprises)**	businesses
arranger	to arrange, organize	**un sous-traitant**	subcontractor
la mise en place	the installation (of a		
	stand)		

Entretien téléphonique

NA: Nicole Augereau, *du service marketing au Palais des Congrès*

MC: Michel Calvert, *du service export à Lavignac Packaging*

NA Allô, Palais des Congrès, Service Marketing. Nicole Augereau à l'appareil.

MC Bonjour, Madame. Michel Calvert du service export, Lavignac Packaging, Rouen. Je vous contacte car mon entreprise voudrait participer au prochain Salon de l'Emballage. Est-il trop tôt pour réserver un emplacement?

NA Au contraire, vous avez tout à fait raison de vous y prendre à l'avance. Quatre-vingts pour cent de nos emplacements sont déjà réservés pour le prochain salon, les places se font rares.

MC Quels sont vos principaux visiteurs?

NA Des fabricants de toutes sortes de produits, c'est-à-dire produits alimentaires, boissons, produits cosmétiques et pharmaceutiques, produits d'entretien, bref, tous ceux qui utilisent des emballages, euh . . . que ce soient des flacons, des bouteilles, des tubes ou des pots, en plastique, carton, métal ou autre.

MC Quelle est l'origine géographique principale des visiteurs?

NA Toutes les grandes villes françaises sont représentées, bien sûr, et l'année dernière il y a eu 25 pour cent de participation étrangère. Pour cette année, nous prévoyons une augmentation de ce chiffre.

MC Ce sont tout à fait les entreprises que je cherche à cibler, étrangères aussi bien que françaises. Est-il possible d'agencer son stand soi-même?

NA En principe, oui, mais cela représente beaucoup de travail, car il vous faudra arranger de Rouen la mise en place du stand vous-même. La plupart des exposants nous expédient leurs desiderata, que nous transmettons ensuite aux entrepreneurs.

MC Quelle est la date limite d'inscription?

NA Les inscriptions seront closes le 16 août mais, comme je l'ai déjà dit, 80 pour cent des emplacements sont déjà réservés. Il nous reste donc peu de places.

MC Publiez-vous un catalogue du salon?

NA Oui, bien sûr. Nous avons également un attaché de presse chargé de promouvoir le salon auprès des médias. Lors de la dernière édition du salon, TF1 et FR2 sont venus faire des reportages pour les informations de vingt heures.

MC C'est une convention grand public, mais qu'en est-il des professionnels?

NA Nous envoyons des invitations à toutes les grandes entreprises qui utilisent des articles de conditionnement, sans oublier les PME et les sous-traitants.

MC Cela me semble très intéressant. Eh bien, au revoir, Madame Augereau. Je reprendrai contact avec vous dès que possible, probablement lundi prochain après notre réunion du budget de promotion des ventes.

R E M A R Q U E S

participer au prochain salon: as well as *next*, **prochain** can be used to mean *imminent, forthcoming*; cf. below **lundi prochain**

quels sont vos principaux visiteurs?: note the use of the interrogative adjective **quel** (and not the interrogative pronoun **qui**) with the meaning of *who* in the sense of *what kind of (visitors)?*

produits d'entretien: besides *cleaning*, as here, **entretien** can mean *upkeep, maintenance, discussion, interview*, etc.

tous ceux qui (*everybody who*, lit. *all those who*): **tous ceux** agrees with the preceding **fabricants**

que ce soient des flacons (*whether they're bottles*): an example of the subjunctive (here of **être**) where **que** is not dependent upon a preceding verb, noun, etc.

bien sûr: distinguish between **bien** (*well*), **sûr** (*sure, safe*) and the expression **bien sûr** (*of course*)

la plupart des exposants: when followed by a plural noun, **la plupart de** takes a plural verb, here **expédient**

les inscriptions seront closes . . . (*the closing date for registrations is . . .*, lit. *registrations will be closed*): **clos** is the past participle of **clore** (*to close*), a verb little used other than in the infinitive or the past participle

il nous reste peu de places (lit. *there remains to us few places*): note the use of **rester** as an impersonal verb (**il reste**), and distinguish between **peu de** (*few, not very many*) and **un peu de** (*a little, a bit*)

TF1, FR2: national French TV stations

les informations de 20 heures: the established broadcasting time for **le journal** (*the evening news*)

qu'en est-il des professionnels?: *what is the situation as regards professionals?*

sans oublier: note that all prepositions, except **en**, take an infinitive

E X E R C I C E 5   E n t r a î n e m e n t   g r a m m a t i c a l

Traduisez en français les phrases suivantes selon le modèle.

A *Il nous reste donc peu de places.*

- So she has little time left to do it.
- So I have a few catalogues for the show left.
- So they have too many foodstuffs left.
- So we have several sites left.
- So you have very few cleaning products left.
- So he has far too many drinks left.

B *sans oublier les PME et les sous-traitants*

- without meeting the clients and suppliers
- not counting the French and German visitors
- without taking part in the trade shows and conferences
- without sending an invitation and entry badge
- not to mention the exhibitors and professionals
- without phoning the manufacturers and contractors

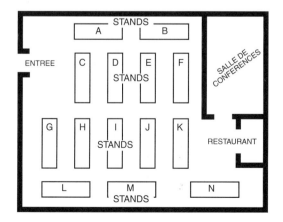

8.3 Une rencontre prometteuse

Scénario

Au stand qu'il a loué au Salon de l'Emballage, Michel Calvert reçoit une potentielle cliente, Anne Firmin, qui discute des produits ainsi que des besoins de sa société.

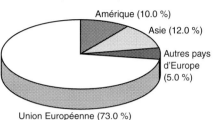

Lavignac packaging
produits exportés

Amérique (10.0 %)
Asie (12.0 %)
Autres pays d'Europe (5.0 %)
Union Européenne (73.0 %)

EXERCICE 6 Questions sur les discussions

1 Qui est Anne Firmin?

2 Pourquoi s'arrête-t-elle devant le stand de M. Calvert?

3 A quels produits en particulier s'intéresse-t-elle?

4 Pourquoi la société Lavignac fabrique-t-elle ses bouteilles en polypropylène?

5 De quels flacons Mme Firmin aurait-elle besoin?

6 Comment M. Calvert propose-t-il de la renseigner sur ses flacons?

7 Lavignac pratique-t-elle la méthode «juste-à-temps»?

8 Quel produit la société Lavignac produit-elle pour Albert Fleury?

9 Quels échantillons et quel devis Mme Firmin demande-t-elle?

10 Quand Mme Firmin recontactera-t-elle M. Calvert?

LEXIQUE

faire le tour de qch.	to go around sth.	**adresser**	to send, forward
renseigner qn	to give information to sb.	**un échantillon**	(commercial) sample
le service achats	purchasing department	**sur place**	on the spot
les produits capillaires	hair products	**un renseignement**	(piece of) information
envisager de	to consider doing (sth.)	**poser**	to pose, set (a problem)
être à la recherche de	to be looking for	**Dieu sait si**	goodness knows if
pratiquer la méthode «juste-à-temps»	to use the 'just-in-time' method	**exigeant(e)**	demanding
		en matière de	as regards
au juste	exactly	**l'approvisionnement (m.)**	supply (of goods)
un bidon	can, tin	**un tube dentifrice**	toothpaste tube
le polypropylène	polypropylene (plastic)	**considérable**	considerable, significant
s'approvisionner en	to stock up with, get supplies of	**une référence**	reference, recommendation
se prêter à	to lend itself to	**un devis**	estimate, quotation
un remplissage	filling up (of bottle)	**un prix départ usine**	price ex-works
une taille	size	**une pièce**	item
une plaquette	(publicity) brochure	**compter sur qn**	to rely on sb.
un tarif	price list	**convenir à qn**	to suit sb.
le cas échéant	if need be	**les coordonnées (fpl.)**	address and telephone number
se faire un plaisir de	to be (only too) pleased to	**une carte (de visite)**	(business) card

Discussions au salon

MC Bonjour, Madame, je peux vous aider?

AF Oui, bonjour, Monsieur. Je viens de faire le tour de votre stand, et j'ai noté des articles très intéressants.

MC Je suis ici pour vous renseigner, Madame. Dans quel secteur de l'industrie travaillez-vous?

AF Permettez-moi de me présenter, Anne Firmin du service achats de la société Debord. Nous sommes une entreprise de produits capillaires basée en Belgique. Nous envisageons d'ouvrir une usine dans le nord de la France, je suis donc à la recherche de nouveaux fournisseurs, de préférence en Picardie, car nous pratiquons le «juste-à-temps».

MC Oui, en effet, je connais votre société. Notre centre de distribution est justement à Amiens. Quels produits vous intéressent au juste?

AF Les bidons en aluminium et les flacons en polypropylène. Je voudrais aussi plus d'informations sur vos tubes car nous nous en approvisionnons régulièrement.

MC Ils sont en polypropylène, comme les bouteilles car c'est une matière écologique, qui se prête au remplissage avec des produits comme le shampooing, l'après-shampooing, le gel ou la mousse.

AF Il nous faudrait des flacons de différentes tailles: 100 millilitres, 150 millilitres et 250 millilitres. Avez-vous une plaquette sur les flacons?

MC Bien sûr, voici notre dernier catalogue et un tarif. Le cas échéant, je me ferais un plaisir de vous adresser des échantillons ou de vous faire une présentation sur place. Désirez-vous d'autres renseignements?

AF Comme je vous l'ai dit, nous travaillerons avec la méthode «juste-à-temps». Cela ne vous pose pas de problème?

MC Pas du tout, nous travaillons déjà en collaboration avec une société belge, Albert Fleury, et Dieu sait s'ils sont exigeants en matière d'approvisionnement! Nous produisons les tubes dentifrices de cette manière pour eux, un marché considérable.

AF Albert Fleury est en effet une bonne référence. Eh bien, puisque vous me le proposez, je serais très intéressée par des échantillons de flacons en polypropylène 100 millilitres, 150 millilitres et 250 millilitres. Pourriez-vous aussi m'adresser un devis avec le prix départ usine pour 1 000 pièces, ainsi qu'une documentation sur votre entreprise et votre capacité de production?

MC Vous pouvez compter sur moi. Le début de la semaine prochaine, cela vous convient? Je peux prendre vos coordonnées?

AF Voici ma carte. Je vous recontacterai après le test de vos produits par notre laboratoire. Au revoir, Monsieur, et merci.

REMARQUES

je viens de faire le tour: note the use of **venir de** followed by an infinitive for *to have just done (sth.)*

je suis ici pour vous renseigner (lit. *I'm here to give you information*): note that the infinitive **renseigner** depends on the preposition **pour**, and is not to be confused with **vous renseignez**; also, distinguish between **renseigner** *to inform (sb. else)* and **se renseigner** *to find out, inquire (for oneself)*

la méthode «juste-à-temps»: the method of ordering articles as and when needed, relying on almost immediate delivery (made easier by finding local suppliers)

Amiens: the capital city of **La Picardie**, the region to the north-east of Paris and near Belgium

quels produits vous intéressent?: *which products are you interested in?* (lit. *which products interest you?*)

se prête au remplissage: distinguish between **prêter** *to lend (sth. to sb.)* and **se prêter à** *to lend itself to*

il nous faudrait (*we would need*, lit. *it to us would be necessary*): an alternative for **nous aurions besoin de**

de différentes tailles: note that, in the plural, **différents(-es)** can have, as here, the meaning *various*, and that **taille** (*size*) can also mean *waist, waistline, height* (of person)

100 millilitres: usually written as **100 ml**

de vous adresser des échantillons ou de vous faire une présentation: note that **adresser** here means *to send, forward*; for the use of the infinitive after a preposition, cf. above **vous renseigner**

comme je vous l'ai dit: note the idiomatic use in this expression of **l'** which is not required in English; cf. below **puisque vous me le proposez**

1 000 pièces: lit. *1,000 pieces* or *items*, although English does not necessarily require an equivalent for **pièce** in this context

ainsi que: distinguish between **ainsi** (*so, thus, in this way*) and **ainsi que** (*and, as well as*)

vous pouvez compter sur moi: distinguish between **compter** *to count, charge (sb. money)*, **compter faire qch.** *to intend to do sth.* and **compter sur qn** *to rely on sb.*

EXERCICE 7   Entraînement oral

Traduisez en français les phrases suivantes.

A   *L'accord des adjectifs*

- interesting articles – an attractive offer
- new suppliers – a new workshop
- the latest catalogue – the last time
- a Belgian company – Belgian chocolates
- demanding clients – a demanding task
- a significant market – a significant quantity
- a sound reference – sound methods
- next week – next month

B   *Quelques phrases utiles*

- based in Belgium – situated in Holland
- an aluminium can – a polypropylene bottle
- if need be – in any case
- toothpaste – a toothpaste tube
- the cost price – the price ex-works
- production capacity – memory capacity
- you can count on me – I intend to go to the show
- does that suit you? – that would suit me

8.4 Le Salon Moul'Expo

EXERCICE 8 Louer un stand à Moul'Expo

Traduisez en anglais la documentation ci-dessous.

LE SALON MOUL'EXPO

Si vous travaillez déjà dans l'industrie du moulage, comment pouvez-vous donner à votre entreprise une nouvelle dimension européenne? En participant à Moul'Expo, le 12ème Salon des Industries du Moule qui ouvrira ses portes à Oyonnax du 15 au 18 octobre prochain.

En louant un stand à Moul'Expo, vous pourrez rencontrer vos clients, mettre vos visiteurs au courant et susciter l'intérêt de vos futurs partenaires. Vous trouverez de nouveaux débouchés, vous deviendrez plus compétitifs et vous augmenterez vos bénéfices.

Ces objectifs sont ceux de toute entreprise. Moul'Expo vous aidera à les atteindre, non seulement en France mais aussi à travers l'Europe, une Europe élargie qui vous offre des marchés toujours plus vastes à prospecter.

Moul'Expo aura lieu à Oyonnax au cœur de la Plastic Vallée française implantée dans le Jura à 80 km de Macon, à 100 km de Lyon et à 60 km de Genève. Près de 75% de la production française de matière plastique est effectuée au sein de cette région.

Pour la 12ème édition du Salon Moul'Expo, nous attendons des exposants des entreprises venues de tous les pays de l'Europe. Ne manquez pas cette occasion de promouvoir efficacement vos produits dans une ambiance favorable aux affaires.

Pour tous renseignements, contactez Georges Moreau au (33) 04 74 73 42 66, ou par fax au (33) 04 74 73 45 55.

REMARQUES

Oyonnax: town in **Le Jura**, a department on the Swiss border, at the heart of the plastics industry in France

au (33) 04 74 73 42 66: French telephone numbers are usually given in pairs; 33 is the international code for France, 04 is the area code for the south-east of the country

---

LEXIQUE

le moulage	*moulding (industry)*	**prospecter**	*to canvass (a market)*
un moule	*(industrial) mould*	**implanté(e)**	*established, set up*
mettre qn au courant	*to update sb.*	**au sein de**	*(with)in*
susciter un intérêt	*to arouse an interest*	**manquer une occasion**	*to miss an opportunity*
les bénéfices (mpl.)	*profits*	**efficacement**	*effectively*
atteindre un objectif	*to reach, attain a goal*	**une ambiance**	*atmosphere*
à travers	*across, throughout*	**favorable à**	*conducive to*
élargi(e)	*enlarged*		

EXERCICE 9   Invitation au salon

Traduisez en français la lettre ci-dessous.

For the attention of M. Claude Dardilly

Dear Sir,

We recently contacted you to inform you of the launch of our new range of polyurethane moulds for the packaging industry.

Our main concern is to supply our customers with high-quality moulds at very short notice. Our manufacturing techniques are more specifically geared to production in small quantities.

Our production per client varies from 100 to 2,000 articles per year. In order to increase our production capacity, we have over the last twelve months invested £100,000 in new premises, new numerically controlled machinery, and CAD/CAM software packages.

We shall be taking part from 15th to 18th October next in the Salon Moul'Expo which will be held at Oyonnax. During this Trade Show, we shall be presenting a selection of our latest moulds, and would be very happy to welcome you at our stand no. D23.

Looking forward to meeting you at the Moul'Expo Show,

Yours faithfully,

Harvey Anderson
Export Manager

LEXIQUE PROPOSE

CFAO (conception et fabrication assistées par
  ordinateur)
à commande numérique
dans des délais très courts
dans l'attente de
destiné(e) à

livres sterling
des locaux
plus particulièrement
le polyuréthane
le souci principal
unités par an

Participer au salon

Situation

The Export Director of your company, Ormond Packaging, has contacted the Salon de l'Emballage with a view to hiring a stand this October in order to display your ranges of confectionery packaging. Following receipt of an information pack, you are given the task of making all the necessary arrangements.

Task 1
Memorandum in English

Provide a gist translation of the fax for the Export Director, giving a brief indication of the main steps to follow in setting up a stand of about 20 sq.m., and the product ranges to be displayed.

Task 2
Telephone conversation in pairs

Telephone the sales manager in Paris to confirm your company's intention to take part in the Trade Show, and make a firm booking for an average-sized stand as approved by your Export Director.

Task 3
Telephone conversation in pairs

You now telephone a potential client at Confiserie Armelle, in Lille, with an invitation to visit your stand at the Trade Show and giving an update on your packaging for a wide range of confectionery.

Task 4
Draft leaflet in French

You draft a leaflet for the Export Director to distribute to prospective clients at the Trade Show giving details of the company's manufacturing techniques and production capacity for your latest products.

NB Invent all details as required: names, addresses, dates, products, equipment, etc.

LEXIQUE

comptabiliser	*to count, enter*
de manière à ce que	*so that*
attendu(e)	*expected*
avoir vocation de	*to be intended for*
en face de	*opposite*
une intervention	*speech, presentation*
dans les meilleurs délais	*as soon as possible*

Télécopie   A l'attention de
M. Richard Ashton

Monsieur,

   Suite à notre conversation téléphonique de ce jour, veuillez trouver ci-joint le dossier de l'exposant au Salon de l'Emballage ainsi que la liste des exposants du dernier Salon et le listing pour le Salon d'octobre prochain. Ce listing n'est que provisoire car n'y sont comptabilisés que les dossiers qui nous sont parvenus.

   Je joins aussi le plan du Salon de manière à ce que vous indiquiez votre choix d'emplacement. Le hall d'exposition est sur deux niveaux, une mezzanine et un rez-de-chaussée. L'entrée du Salon se fait par la mezzanine où se trouvent le bureau d'accueil et la salle de presse.

   Parmi les visiteurs attendus cette année, nous aurons 430 visiteurs étrangers et 24 pays représentés, soit 23% du total. Notre Club Emballage, qui a vocation d'accueillir nos visiteurs étrangers, se trouve en face de la réception.

   Vous trouverez aussi le programme des conférences et des interventions. Je vous demanderai de me faire parvenir dans les meilleurs délais le texte de votre présentation pour que nous puissions l'inclure dans notre brochure.

L'industrie alimentaire

Grâce à la grande distribution, la plupart des gens peuvent choisir aujourd'hui entre plusieurs chaînes de supermarchés rivales. Une telle concurrence oblige les supermarchés à être constamment sur leurs gardes afin d'attirer une clientèle nombreuse et de pourvoir à tous ses besoins.

Ils mènent donc des enquêtes qui leur permettent de découvrir comment leurs clients jugent la gestion du magasin, et de solliciter leurs propositions sur les améliorations qu'ils estiment nécessaires. Pour s'assurer de la qualité des produits, les supermarchés font aussi des tours d'inspection de leurs fournisseurs depuis la réception des matières premières jusqu'à l'expédition des produits finis.

LEXIQUE

alimentaire (adj.)	*food (industry)*
grâce à	*thanks to*
la grande distribution	*volume retailing*
la concurrence	*(business) competition*
être sur ses gardes	*to be on one's guard*
attirer	*to attract, draw (clients)*
pourvoir à	*to provide, cater for (needs)*
mener une enquête	*to carry out a survey*
solliciter	*to seek, invite*
une proposition	*proposal, suggestion*
une amélioration	*improvement*
estimer	*to consider*
s'assurer de qch.	*to check on sth.*
un tour	*tour (of inspection)*
un fournisseur	*supplier*
une expédition	*dispatch, sending*

REMARQUES

la plupart des gens peuvent: when followed by the preposition **de** with a plural noun, **plupart** takes the verb in the plural

rivales: the agreement is with **chaînes**, not with **supermarchés**

une telle concurrence: note that French requires the indefinite article **un, une** in this expression

afin d'attirer ... et de pourvoir: note the repetition of the preposition **de** before **pourvoir**, and distinguish between **pouvoir** (*to be able to*) and **pourvoir à** (*to cater for*)

pourvoir à tous ses besoins: note that **ses**, and not **leurs**, is used as it refers to the singular noun **clientèle**, whereas **leurs** is used below in **leurs propositions** as it refers to a plural noun **clients**

permettent de découvrir ... et de solliciter: note again the repetition of the preposition **de** before the second infinitive

la gestion: the activity *management* as opposed to **la direction** (*management or the people who manage*)

depuis ... jusqu'a (*from ... to*): can refer to place or, as here, to range or extent; note also **depuis** (*since*) and **jusqu'à** (*until*) when referring to time

la réception de: *the receipt of, taking delivery of (goods)*

les matières premières: *raw materials* (lit. *the first or original materials*)

EXERCICE 1   Phrases-clés

Retrouvez ces phrases-clés dans le texte.

1 thanks to volume retailing

2 several competing supermarket chains

3 competition like this

4 to attract a large clientele

5 to cater for all its needs

6 so they carry out surveys

7 the way the shop is run

8 the improvements which they consider necessary

9 in order to check the quality of the goods

10 inspection tours of their suppliers

11 from taking delivery of the raw materials

12 to the dispatch of the finished goods

9.1 Le Bulletin Maréchal

Scénario

Afin de maintenir le dialogue avec sa clientèle, Jacques Pichon, directeur général du supermarché Maréchal, édite chaque mois un bulletin à l'intention de tous ses clients.

Message du Directeur Général

Comme vous avez pu le constater, nous cherchons constamment à maintenir le dialogue avec nos clients afin de connaître votre appréciation du supermarché Maréchal ainsi que vos souhaits pour l'avenir. Nous avons donc demandé à une agence extérieure de mener une enquête auprès d'un échantillon représentatif de notre clientèle. Nous sommes heureux de vous livrer, dans le Bulletin Maréchal, les résultats de cette étude qui a été consacrée à examiner l'idée que les gens se font de notre magasin. Nous en avons retiré ce que vous estimez être nos points forts et nos points faibles.

86% d'entre vous approuvent l'aspect esthétique de Maréchal, ceci étant pour nous un indice capital de l'accueil que vous recherchez chez nous. 83% d'entre vous apprécient la présentation de nos vendeurs et vendeuses, score satisfaisant en soi mais qui indique néanmoins qu'il nous reste encore un effort à faire. Le Service du Personnel s'en occupe en ce moment, et nous avons décidé de réserver une heure par semaine à la formation des employés dans ce domaine.

A une époque où la ménagère doit combattre sans cesse la hausse des prix, nous avons voulu consacrer une partie de notre enquête à votre appréciation de la section alimentation. Sur ce point, notre étude a révélé que 53% d'entre vous ont réclamé une plus grande variété dans notre section alimentation: pain, pâtisseries et conserves de légumes en particulier. Nous avons donc entamé des négociations avec d'autres fournisseurs et les nouveaux produits devraient paraître sur nos rayons dans deux ou trois mois. Nous vous tiendrons au courant.

78% d'entre vous ont déclaré trouver facilement les articles recherchés, 85% d'entre vous apprécient surtout la largeur et l'ordre des allées centrales que nous avons réaménagées au cours des travaux récents. Par contre, 38% d'entre vous ont éprouvé des difficultés à trouver un chariot près de l'entrée, nous nous sommes donc engagés à renouveler le parc de chariots.

Comme dit le proverbe, le temps c'est de l'argent. 92% d'entre vous ont constaté un gain de temps réel dans la rapidité du service aux stands des produits frais, tout en étant entièrement satisfaits de la qualité, de la fraîcheur et de la variété de nos fruits et légumes. En revanche, 25% d'entre vous estiment que le passage aux caisses s'est ralenti par rapport à l'année dernière. Nous allons donc ouvrir cinq nouvelles caisses le mois prochain.

Quant aux prix que nous pratiquons, nous sommes heureux de constater que vous pensez presque tous (soit 94%) que Maréchal est moins cher que nos concurrents. Notre vocation première étant de vous proposer des produits de marque à des prix discount, cette appréciation est la preuve que nous faisons tout notre possible pour défendre votre pouvoir d'achat.

Nous vous remercions de nous avoir aidés dans cette étude et nous tenons à rester en contact avec vous par l'intermédiaire de notre Bulletin.

le Directeur Général
Jacques PICHON

L E X I Q U E

un bulletin	*newsletter*	les conserves de légumes	*tinned vegetables*
à l'intention de	*(intended) for*	entamer	*to open (negotiations)*
constater	*to note, notice*	un rayon	*shelf*
un souhait	*wish*	tenir qn au courant	*to keep sb. informed*
auprès de	*among*	l'ordre (m.)	*tidiness*
un échantillon	*sample*	une allée centrale	*centre aisle*
livrer	*to reveal (results)*	réaménager	*to develop, renovate*
consacrer à	*to devote to*	les travaux récents	*recent alterations*
se faire une idée de	*to have an image, picture of*	éprouver une difficulté à	*to experience difficulty in*
		s'engager à	*to undertake to (do sth.)*
retirer de	*to draw, extract from*	un parc de chariots	*fleet of trolleys*
l'aspect esthétique	*attractive look, appearance*	un gain de temps	*time saving*
		en revanche	*on the other hand*
un indice	*sign, indication*	une caisse	*checkout (counter)*
s'occuper de	*to deal with (a matter)*	se ralentir	*to slow down*
la formation	*training*	quant à	*as for*
dans ce domaine	*in this field*	une vocation	*aim, purpose*
à une époque où	*at a time when*	les produits de marque	*branded goods*
une ménagère	*housewife*	faire tout son possible	*to do everything possible*
la hausse des prix	*rise in prices*	le pouvoir d'achat	*purchasing power*
la section alimentation	*the food section*	tenir à	*to be anxious to*
réclamer	*to call for*		

R E M A R Q U E S

comme vous avez pu le constater (*as you may have noticed*, lit. *as you may have been able to notice it*): note the inclusion of **le** in the French expression

nous sommes heureux de vous livrer: note that the infinitive **livrer** depends on the preposition **de**, and is not to be confused with **vous livrez**

l'idée que les gens se font: *the image people have* (lit. *the idea which people make for themselves*)

86% d'entre vous: note that **d'entre** is used after a number or an expression of quantity when followed by a disjunctive pronoun, that is, **nous, vous, eux, elles**

ceci étant: as a participle, **étant** often provides an explanation (*as this is*); cf. below **notre vocation première étant de**

en soi: *in itself*, when used with a concept or object

il nous reste encore un effort à faire: *we still have some way to go* (lit. *there still remains for us an effort to be made*)

à une époque où (*at a time when*): note the use of **où** with reference to time

la hausse des prix (*rising prices*, lit. *the rise of prices*): because of its aspirate **h**, **hausse** cannot be run together with the article **la**

ont déclaré trouver: the infinitive can be used after a verb of saying or thinking if the subject of both verbs is the same

que nous avons réaménagées: the past participle **réaménagées** agrees with the preceding direct object **allées**

le parc des chariots: note that **parc** here means *fleet, number of*; cf. **un parc de taxis**

quant aux prix que nous pratiquons: *as for our prices* (lit. *as for the prices which we set, charge*)

que vous pensez presque tous que (*that almost all of you think that*, lit. *that you think almost all*): note that the final **-s** of **tous** is pronounced, as it is used here as a pronoun, not an adjective

soit 94%: the conjunction **soit** is used before a number: *that is, 94%*

moins cher que nos concurrents: lit. *less expensive than our competitors*

votre pouvoir d'achat: note that **pouvoir** is here a noun, *power*

EXERCICE 2   Phrases-clés

Retrouvez ces phrases-clés dans le texte.

1   to maintain a dialogue with our customers

2   our strong points and our weak points

3   employee training in this field

4   to fight against rising prices

5   greater variety in our food section

6   bread, pastries and tinned vegetables

7   the width and tidiness of the central aisles

8   to renew the fleet of trolleys

9   at the fresh-produce stalls

10   to open five new checkouts

11   Maréchal is cheaper than our competitors

12   in order to protect your purchasing power

EXERCICE 3   Entraînement oral

Répondez aux questions suivantes selon le modèle.

A   *Alors, 238 clients sont pour cette proposition?*

86/vous → Oui, soit 86% d'entre vous.

- 71/nous
- 27/ils

B   *De quoi avez-vous parlé?*

hausse des prix → Nous avons parlé de la hausse des prix.

- hauteur des rayons
- hors-d'œuvre
- huit mois passés
- houille blanche
- halles aux vins
- haricots verts

9.2 S'approvisionner en pain et pâtisserie

Scénario

Arrivée au bureau de Marcel Laffont, directeur des achats au supermarché Maréchal à Marne-la-Vallée, Suzanne Cordier de la boulangerie industrielle Tissier lui présente son entreprise, ses techniques de fabrication et la gamme des produits qu'elle pourra lui fournir.

<table>
<tr><td>

EXERCICE 4
Questions sur l'entretien

1 Comment Mme Cordier est-elle parvenue à Maréchal?

2 La boulangerie Tissier est-elle bien établie?

3 Quels pas importants a-t-elle pris il y a deux ans?

4 Quels sont les effectifs, le chiffre d'affaires et le bénéfice de la société?

5 Quelle technique de fabrication exploite-t-on chez Tessier?

6 Quelle est la capacité de production de l'entreprise?

7 Que pensent-ils produire pour le supermarché Maréchal?

8 De quel avantage les produits de Tessier jouissent-ils?

9 Qui est Emile Luce?

10 Pourquoi Mme Cordier invite-t-elle M. Laffont à visiter sa boulangerie?

</td><td>

LEXIQUE

s'approvisionner en	*to get supplies of (bread etc.)*
un contretemps	*hitch, setback*
le RER: Réseau express Régional	*rapid-transit rail system serving the Paris region*
repartir	*to leave, set off (again)*
entendre parler de	*to hear of, about*
aspirer à	*to aspire to, desire to (do sth.)*
s'agrandir	*to expand*
prendre de l'envergure	*to expand, grow*
une unité de production	*production centre*
un chiffre d'affaires	*(business) turnover*
le bénéfice	*profit*
s'élever à	*to stand at (of figures)*
une plaquette	*brochure*
micro-ondable	*microwaveable*
par rapport à	*in comparison with*
immangeable	*inedible*
une recette	*recipe, formula*
le savoir-faire	*know-how*
n'importe quel type	*any kind (at all)*
la pâte	*pastry*
le croustillant	*crispness*
un échantillon	*sample*
d'après	*according to*
un appel d'offres	*invitation to tender*
une tourte aux pommes	*apple pie*
par nos soins	*under our care, by us*
réchauffer	*to reheat, warm up (again)*
assurer la livraison	*to provide, see to delivery*
un traiteur	*caterer*
tenir à	*to be keen to, anxious to*

</td></tr>
</table>

Entretien au supermarché

SC: **Suzanne Cordier,** *de la boulangerie Tissier*   **ML:** **Marcel Laffont,** *du supermarché Maréchal*

SC Bonjour, Monsieur Laffont. Enchantée de faire votre connaissance.

ML Moi de même, Madame Cordier. Vous êtes arrivée à Marne-la-Vallée sans contretemps, j'espère?

SC Oui, j'ai pris l'avion de Saint-Etienne à Roissy, puis le RER jusqu'ici. C'était plus facile que je ne le croyais.

ML Alors, commençons tout de suite car ma secrétaire m'a dit que vous vouliez repartir pour Saint-Etienne ce soir. Je ne vous cacherai pas que c'est la première fois que j'entends parler de la boulangerie Tissier.

SC Notre entreprise est une jeune société créée il y a seulement quinze ans mais nous aspirons à nous agrandir. C'est surtout depuis deux ans que notre société a pris de l'envergure, grâce notamment à l'investissement dans une toute nouvelle unité de production et à la collaboration avec une entreprise hollandaise. Nous employons 200 personnes, notre chiffre d'affaires l'année dernière était de 550 millions de francs et notre bénéfice s'élève à 23 millions. Je vous laisse d'ailleurs une plaquette qui présente notre entreprise et nos produits.

ML Justement, parlons de vos produits qui sont, je crois, micro-ondables – c'est le grand avantage par rapport à d'autres produits.

SC Vous avez sans doute fait l'expérience de mettre du pain dans le micro-ondes. Le résultat est désastreux – le pain est dur et immangeable. Cependant, grâce à notre recette et à notre savoir-faire, nous pouvons maintenant produire n'importe quel type de pain ou de pâte dans une version micro-ondable, tout en gardant leur croustillant. J'ai apporté des échantillons et nous ferons des tests avant mon départ.

ML Quelle est votre capacité de production?

SC Nous pouvons produire 8 000 pains à l'heure quelle que soit leur forme.

ML Impressionnant! Que pouvez-vous donc produire pour nous?

SC D'après votre appel d'offres, vous auriez besoin de pains hamburgers, de pains hot-dog, ainsi que de tourtes aux pommes et de pizzas. Eh bien, tous ces produits peuvent être fabriqués par nos soins avec l'avantage d'être tous micro-ondables. Il ne faut plus dix minutes pour réchauffer un hamburger, en trente secondes il est prêt à manger.

ML Mais il y a un point qui me paraît fondamental. Comment pensez-vous assurer la livraison à Marne-la-Vallée?

SC Nous travaillons déjà avec le traiteur Emile Luce ici à Marne-la-Vallée, et nous n'avons connu pour l'instant aucun problème. Afin de vous convaincre du sérieux de notre société, je tiens beaucoup à vous recevoir pendant deux jours chez nous à Saint-Etienne.

ML Je veux bien, mais allons d'abord faire ces tests . . .

R E M A R Q U E S

Marne-la-Vallée: town to the east of Paris, site of EuroDisney

Saint-Etienne: important industrial centre in the middle of France, to the south-west of Lyons

Roissy: international airport to the north-east of Paris, also known as **Roissy-Charles de Gaulle**

plus facile que je ne le croyais: note that **ne** is used (without **pas**) after a comparison containing a negative implication, that is, *I didn't think it would be so easy*; note also the inclusion of **le** in the French expression

que vous vouliez: French prefers to observe the sequence of tenses, that is, the imperfect tense (and not the present) after the perfect **ma secrétaire m'a dit**

je ne vous cacherai pas que: lit. *I won't hide from you (the fact) that*, that is, *to be quite frank with you*

c'est la première fois que j'entends parler de: the present tense is used after **c'est la première fois que**; note the inclusion of the verb **parler** in the expression **entendre parler de**

grâce . . . à l'investissement . . . et à la collaboration: note the repetition of the preposition **à**; cf. below **grâce à notre recette et à notre savoir-faire**

une toute nouvelle unité: used here as an adverb, **tout** qualifies the adjective **nouvelle**; normally invariable, it becomes **toute** before a feminine adjective beginning with a consonant

une entreprise hollandaise: the adjective for *Dutch* is usually **hollandais(e)** while the country is generally referred to as **les Pays-Bas**

était de 550 millions de francs: the preposition **de** is used after the verb **être** when prices, numbers, etc., are given

s'élève à: here *comes to, stands at*; in other contexts, *rises to*

avant mon départ: here *before I leave* (lit. *before my departure*), a phrase which can be used to refer to past or future

quelle que soit leur forme (*whatever their shape may be*): note that **quel que** takes the subjunctive of **être**, and agrees with the following noun; not to be confused with **quelque** (*some*)

vous auriez besoin de: the conditional is used here to imply probability

par nos soins: lit. *by our good offices*, that is, *by us*

il ne faut plus dix minutes (*it no longer takes ten minutes*): not to be confused with **il ne faut plus de dix minutes** (*it doesn't take more than ten minutes*)

nous n'avons . . . connu aucun problème: the negative form here consists of **ne . . . aucun**, that is, **pas** must not be used

je tiens beaucoup à vous recevoir: distinguish between **tenir** *to have, hold (sth.)* and **tenir à** followed by an infinitive *to be keen, anxious to (do sth.)*

EXERCICE 5   Entraînement grammatical

Traduisez en français les phrases suivantes selon le modèle.

A   *C'était plus facile que je ne le pensais.*

- It was harder than he thought.
- It cost much more than we thought.
- It was colder than they thought.
- She arrived later than I thought.
- Was it more complicated than you thought?
- I earned a little more than she thought.

B   *quelle que soit leur forme*

- whatever your difficulties
- whatever my problem
- whatever the consequences
- whatever your decision
- whatever their prices
- whatever his reply

9.3 Visite de la boulangerie

Scénario

Suzanne Cordier reçoit Marcel Laffont à la boulangerie Tissier où
elle lui fait visiter son entreprise et lui explique les techniques de
la fabrication du pain.

EXERCICE 6   Questions sur la visite

1 Quelle bonne nouvelle M. Laffont annonce-t-il?

2 Que demande-t-on à M. Laffont de faire avant
de commencer la visite?

3 Où la réception et le stockage des matières
premières se font-ils?

4 Comment pèse-t-on les ingrédients?

5 Où fabrique-t-on la pâte?

6 Récapitulez le procédé de fabrication du pain.

7 Combien de temps faut-il pour fabriquer et
préparer les pains hamburgers pour la
distribution?

8 Quels sont les points forts du procédé de
fabrication?

9 Pourquoi a-t-on pris rendez-vous avec
M. Lemonde?

10 Que compte faire M. Laffont après le
déjeuner?

LEXIQUE

la cuisson	*baking (of bread)*
enfiler une blouse	*to put on, slip on an overall*
un entrepôt	*warehouse*
les matières premières	*raw materials*
la farine	*flour*
un atelier de fabrication	*production workshop*
une aire de pesage	*weighing area, zone*
peser	*to weigh*
un ordinateur	*computer*
un pétrin	*kneading trough, machine*
mélanger	*to mix (in)*
laisser reposer	*to leave to rest, stand*
une poche	*pocket, bag*
une balance	*scales, weighing machine*
amener	*to bring, transport*
une chaîne de fabrication	*production line*

disposer	*to lay out, set out*
façonner en	*to shape into*
un four	*oven*
cuire (pp. cuit)	*to bake (bread)*
un emballage	*packing, packaging*
emballer	*to pack, wrap*
une aire de stockage	*storage area*
charger	*to load (goods)*
dans les environs	*locally*
un procédé	*process, technique*
jouer sur	*to reckon, rely on*
une exécution	*carrying out, implementation*
presser qn	*to hurry sb. up*
mettre au point	*to devise, work out*
poursuivre	*to continue, carry on*
être en mesure de	*to be in a position to*

Visite de la boulangerie

SC Bienvenue dans notre boulangerie, Monsieur Laffont. Comment allez-vous depuis notre dernière rencontre?

ML Très bien merci, Madame Cordier. Vous savez, les tests de cuisson ont très bien marché – sur la plupart des produits vous avez obtenu dix sur dix.

SC Nous reparlerons de cela plus tard – visitons d'abord notre boulangerie. Je vous demanderai d'enfiler une blouse et de mettre un chapeau.

ML Oui, volontiers. Nous aussi nous insistons toujours sur l'hygiène à Marne-la-Vallée.

SC Alors, commençons la visite dans l'entrepôt – c'est là que nous recevons les matières premières, farine, sucre, lait, beurre, etc. que nous mettons ensuite dans des silos. Si vous prenez sur votre gauche, vous entrerez dans l'atelier de fabrication. Il y a tout d'abord l'aire de pesage où la farine, l'eau et les autres ingrédients sont pesés, prêts à être utilisés. Tout est commandé par ordinateur – on entre un numéro de recette et la quantité exacte est pesée.

ML Les ingrédients sont donc stockés dans ces silos et descendus automatiquement?

SC Exactement. Nous sommes maintenant près des pétrins où tous les ingrédients sont mélangés. Lorsque la pâte est prête, on la laisse reposer dans ces poches, le temps de repos variant suivant la recette. Les balances sont ensuite amenées près des chaînes de fabrication.

ML Je comprends mieux maintenant pourquoi vous avez investi dans cette nouvelle unité de production.

SC La pâte est disposée sur la chaîne où elle est façonnée en pains hamburgers, par exemple, ou en hot-dogs, etc. De là, elle est transportée au four où elle est cuite. Passons dans la section emballage: c'est ici que les produits sont emballés suivant les spécifications de nos clients.

ML Combien de temps vous faut-il pour assurer la fabrication de pains hamburgers?

SC En deux heures, les pains sont cuits, emballés et prêts à être expédiés. Nous voici dans l'aire de stockage. Tous ces produits sont prêts à être chargés et distribués dans les environs mais aussi en Italie et aux Pays-Bas. Vous voyez, le procédé est simple: nous jouons sur la rapidité d'exécution ainsi que sur la qualité de notre production.

ML Je suis très impressionné par vos chaînes de fabrication, elles sont sans doute parmi les plus modernes de France.

SC Excusez-moi de vous presser, Monsieur Laffont, mais nous avons rendez-vous avec Paul Lemonde pour mettre au point la distribution de nos produits à Marne-la-Vallée. Nous poursuivrons nos discussions après, si vous le voulez bien.

ML En fait, je pense que nous serons en mesure de prendre une décision dès aujourd'hui.

REMARQUES

dix sur dix: note the use of **sur** in this expression where English uses *out of*

nous reparlerons de cela: *we'll come back to that* (lit. *we'll talk about that again*)

je vous demanderai de: the future is here used as a polite imperative expressing a request *would you please . . . ?*

c'est là que (*that's where*, lit. *it's there that*): cf. below **c'est ici que**

farine, sucre, lait, beurre: the definite article is often omitted in a rapid enumeration of several nouns

tout est commandé: when used as a pronoun, **tout** means *all, everything*

descendus automatiquement: used as a transitive verb, as here, **descendre** means *to take/bring (sb./sth.) down* as opposed to the intransitive verb *to go/come down*

la pâte: *dough*

combien de temps vous faut-il . . . ?: *how long does it take you . . . ?* (lit. *how much time is it necessary to you . . . ?*)

en deux heures (*in the space of, within two hours*): as opposed to **dans deux heures** (*in two hours' time*)

les plus modernes de France: note the use of the preposition **de** in superlatives where English uses *in*

excusez-moi de vous presser: the infinitive **presser** follows the preposition **de**, and is not to be confused with **vous pressez**

dès aujourd'hui: distinguish between **des** (*some*) and, here, **dès** (*as of, as from*)

EXERCICE 7   Entraînement grammatical

Traduisez en français les phrases suivantes selon le modèle.

A   *Tous ces produits sont prêts à être distribués.*

- All these ingredients are ready for mixing.
- All these raw materials are ready for storage.
- Everything is ready for dispatch.
- All this flour is ready for weighing.
- All these aisles are ready for renovation.
- All these hamburger rolls are ready for wrapping.

B   *Vos chaînes de fabrication sont parmi les plus modernes de France.*

- His bakery is among the oldest in Belgium.
- Their tests are among the most accurate in Denmark.
- Our techniques are among the most sophisticated in Sweden.
- Her scales are among the best in Holland.
- Your production units are among the biggest in Portugal.
- My packaging is among the most efficient in the USA.

9.4 Carrière commerciale

EXERCICE 8 Offre d'emploi

Traduisez en anglais l'annonce ci-dessous.

Chocolat Berthin

Société de renommée internationale fabriquant et commercialisant une large gamme de produits de haute qualité recherche

2 DÉLÉGUÉS COMMERCIAUX

Ces postes sont à pourvoir dans une ville de la côte Ouest de la France.

Vous serez responsable du suivi et du développement de notre portefeuille de distributeurs dans les régions Ouest et Sud-Ouest, en assurant le référencement, le volume et le merchandising de toutes nos marques de chocolats fins et de chocolat en poudre.

Ces situations s'adressent à des candidats (H/F) formés aux techniques de gestion et de négociation, débutant ou ayant quelques années d'expérience dans la vente de produits de consommation courante.

Les postes impliquent des déplacements réguliers, de très solides bases en informatique et une bonne connaissance d'une langue étrangère (anglais ou espagnol).

Rémunération: Fixe + primes + frais professionnels + voiture de fonction + avantages sociaux.

Si une perspective de carrière commerciale dans notre Société vous intéresse, veuillez adresser votre dossier de candidature (CV, lettre manuscrite, photo et prétentions) sous référence 85/D273 à:

François Favet, Service du Personnel,
CHOCOLAT BERTHIN
246, rue du Faubourg Saint-Honoré,
75008 PARIS

LEXIQUE

une offre d'emploi	*situation vacant*
une renommée	*reputation, renown*
commercialiser	*to market (goods)*
une large gamme	*wide range*
rechercher	*to look for, seek*
un délégué commercial	*sales representative*
un poste	*job, position*
être à pourvoir	*to be available (of job)*
le suivi	*follow-up, monitoring*
un portefeuille	*portfolio*
assurer	*to carry out, provide*
le référencement	*referencing*
une marque	*(commercial) brand, make*
les chocolats fins	*quality chocolates*
le chocolat en poudre	*drinking chocolate*
s'adresser à	*to be aimed at, intended for*
un(e) candidat(e)	*applicant (for job)*
formé(e) à	*trained in*
la gestion	*management*
débutant(e)	*recently qualified*
les produits de consommation courante	*consumer products*
impliquer	*to involve*
un déplacement	*(business) travel*
de très solides bases	*thorough grounding*
l'informatique (f.)	*information technology*
un fixe	*basic salary*
une prime	*bonus*
les frais professionnels	*business expenses*
une voiture de fonction	*company car*
les avantages sociaux	*benefits package*
une perspective	*prospect*
un dossier de candidature	*application pack*
manuscrit(e)	*handwritten*
les prétentions (fpl.)	*expected salary*

Pays de la Loire
répartition des emplois commerciaux

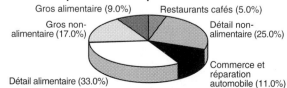

Gros alimentaire (9.0%)
Restaurants cafés (5.0%)
Gros non-alimentaire (17.0%)
Détail non-alimentaire (25.0%)
Détail alimentaire (33.0%)
Commerce et réparation automobile (11.0%)

EXERCICE 9   Lettre de candidature

Rédigez la lettre de candidature de Marie-Ange Servier pour le poste de Délégué Commercial chez Chocolat BERTHIN, selon les indications suivantes.

Rennes, 15th November . . .

For the attention of François Favet

- *Very interested in advertisement for a Sales Rep which recently appeared in* **Le Figaro économie.**
- *Application pack, ref. 85/D273, enclosed.*
- *Just as some people like pastries or tea, so chocolate is a pleasure without which life would be very dull.*
- *As can be seen, applicant has a very positive attitude to chocolate.*
- *Currently working in an import-export company, now looking for position offering greater responsibility.*
- *Knowledge of and liking for a product essential in order to sell it.*
- *Consequently, applicant would find it very pleasant to promote Berthin's products.*
- *Would be pleased to meet M. Favet to discuss varied sales experience, and supply any further information required.*
- *Will be available after 29th November and ready to travel to Paris for an interview in near future.*
- *Looking forward to reply, etc.*

LEXIQUE PROPOSE

une annonce récemment parue	fournir des renseignements
une attitude des plus positives	au même titre que
bien triste	plus de responsabilités
dans l'attente de votre réponse	un prochain entretien
mes diverses expériences	promouvoir des produits
se déplacer à Paris	retenir toute son attention
être à la recherche de	société import-export
être disponible	veuillez trouver ci-joint

ASSIGNMENT NO. 9

Boissons non alcoolisées

Situation

You are employed as assistant to the Sales Manager at Lennox Distilleries who recently sent the attached letter to the Pilote supermarket chain in France in reply to their invitation to tender for soft drinks.

Task 1
Business conversation in pairs

Present your products to Madame Odile Duplessis, the purchasing manager at Pilote's head office in St-Quentin-en-Yvelines, indicating how you can meet Pilote's current needs and stressing your experience of the export market.

Task 2
Address in French

Draft a short welcoming address to be given by the Sales Manager to a group of executives from the Pilote supermarket visiting your factory, outlining the history of Lennox Distilleries and its modernisation strategy.

Task 3
Guided tour in French

Give Madame Duplessis a guided tour of your factory, pointing out the appeal of your new ranges to the current demands of French consumers and assuring her of your efficient distribution network.

Task 4
Job advertisement in French

Draft an advertisement to appear in *Le Figaro* inviting applications for a sales representative to take charge of the distribution of your products in France, and including the qualifications and experience required for this position.

NB Invent all details as required: names, addresses, dates, new ranges, production facilities, distribution network, etc.

LEXIQUE

allégé(e)	*light, diet (drinks)*
sensible à	*sensitive to, interested in*
un appel d'offres	*invitation to tender*
susceptible de	*likely to, in a position to*
une attente	*expectations*
fonder	*to set up, establish*
en matière de	*as regards, concerning*
une boisson non alcoolisée	*non-alcoholic, soft drink*
une part de marché	*market share*
une réussite	*success*
avant tout	*above all*
convenir à	*to suit, be suitable for*
désireux(-euse) de	*anxious, keen to*
garder la forme	*to stay in shape*
sédentaire	*sedentary, desk (job)*
correspondre à	*to suit, fit*
une alimentation	*diet*
équilibré(e)	*balanced*
sain(e)	*healthy*
un échantillonnage	*selection of samples*
les conditions de vente	*terms of sale*
le réseau de distribution	*distribution network*
mettre en place	*to set up, organize*
être ravi(e) de	*to be delighted to*
faire visiter	*to show (sb.) around*
une chaîne de production	*production line*
se rendre compte de	*to realize, be aware of*
le dispositif	*system, operation*
mettre en œuvre	*to implement, make use of*
la technicité	*technical nature*
une élaboration	*development, working out*
requérir	*to require, call for*
prochainement	*soon, shortly*

LENNOX
DISTILLERIES

Le Directeur des Achats
Supermarché Pilote
St-Quentin-en-Yvelines

Perth
le 27 février . . .

Monsieur le Directeur,

Nous avons été très attentifs à l'intérêt que votre chaîne de distribution porte pour les nouvelles gammes de produits allégés et enrichis en vitamines. Nous sommes donc très sensibles à l'appel d'offres que vous proposez, dans *La Filière commerciale*, à toutes les entreprises qui, comme Lennox Distilleries, sont susceptibles de répondre à cette nouvelle attente des consommateurs.

Fondée en 1865 et installée en Ecosse, la société Lennox Distilleries a un long héritage en matière de boissons alcoolisées et non alcoolisées. Elle a su progressivement, à travers les années, consolider et faire reconnaître ses produits dans le monde entier jusqu'à atteindre aujourd'hui une part de marché de 70% à l'export.

Cette réussite est avant tout le fruit d'une recherche permanente de diversification de nos produits et d'une modernisation de nos techniques. Nos boissons conviendront à une large part de la population française et plus particulièrement aux jeunes et aux personnes désireuses de garder la forme malgré leur métier sédentaire. Elles correspondent donc à une alimentation plus équilibrée, plus saine et moins riche en sucre.

Nous serions très heureux de vous présenter un échantillonnage de notre nouvelle gamme de boissons et de discuter ensemble des conditions de vente ainsi que du réseau de distribution à mettre en place. Nous serions des plus ravis de vous faire visiter notre chaîne de production située en Ecosse. Vous vous rendrez ainsi compte de tout le dispositif mis en œuvre pour donner à nos produits toute la haute technicité et l'élaboration qu'ils requièrent.

M. Robert Layton, notre Directeur à l'Export, vous contactera très prochainement par téléphone afin de prendre rendez-vous avec votre service Achats.

Je vous prie d'agréer, Monsieur le Directeur, l'expression de mes sentiments les meilleurs.

Le Directeur des Ventes
Ian SUTHERLAND

Circuit de distribution

10

Pour les entreprises exportatrices, l'un des problèmes les plus difficiles à résoudre est celui de la distribution. Faut-il expédier les marchandises directement au client ou créer une plate-forme de distribution dans le pays ciblé? Pour ce faire, on se mettra en contact avec le Centre de Commerce International de la région envisagée pour examiner les différentes possibilités offertes aux sociétés étrangères.

Vaudrait-il mieux acheter son parc de véhicules ou confier toute l'opération à une entreprise de location? Et ferait-on mieux d'embaucher ses propres chauffeurs plutôt que de partager cette responsabilité avec l'entreprise de location? En tout cas, il est toujours souhaitable de s'adresser aux spécialistes avant de prendre une décision finale.

LEXIQUE

exportateur(-trice)	export (firm)
résoudre	to solve (problem)
expédier	to send, dispatch
les marchandises (fpl.)	merchandise, goods
une plate-forme	platform, centre
cibler	to target
envisager	to consider
un parc	fleet (of vehicles)
confier à	to entrust, hand over to (sb.)
la location	hiring (vehicles)
embaucher	to hire (employees)
plutôt que de	rather than (do sth.)
partager	to share
souhaitable	desirable
s'adresser à	to consult (sb.)

REMARQUES

l'un des problèmes: while not strictly necessary, **l'** is often used before **un/une** to facilitate pronunciation

celui de la distribution: note that **celui** refers to **l'un des problèmes**, that is, *the problem of* or *that of distribution*

les différentes possibilités: placed before the noun, as here, **différents(-es)** means *various*

vaudrait-il mieux acheter?: from the impersonal expression **il vaut mieux faire qch.**, (lit. *it is worth better doing sth.*)

ses propres chauffeurs: placed before the noun, as here, **propre** means *(one's) own*; after the noun, it means *clean*

avant de prendre (*before taking*): note that the preposition **de** is followed by an infinitive in French

EXERCICE 1   Phrases-clés

Retrouvez ces phrases-clés dans le texte.

1   a distribution network

2   export firms

3   to dispatch the goods

4   to set up a distribution centre

5   a World Trade Centre

6   to study the various opportunities

7   foreign companies

8   a fleet of vehicles

9   to entrust the whole operation

10   a hire company

11   to hire one's own drivers

12   to consult the specialists

10.1 Delta Transit

Scénario

Michèle Deloffre du service marketing de Delta Transit répond à
une demande de renseignements sur les activités de cette société
de transports routiers.

Location de véhicules industriels

A l'attention de M. Robert Pasco

Monsieur,

Comme suite à votre demande de renseignements sur les activités de notre société, nous avons
le plaisir de vous adresser ci-joint une plaquette de présentation Delta Transit. Nous joignons à
cette documentation nos fiches techniques et nos tarifs ainsi que la liste de nos centres capables de
vous apporter des services complets adaptés aux besoins spécifiques de votre entreprise.

L'activité principale de Delta Transit est la location de véhicules industriels de 3,5 t et plus au
service des transporteurs nationaux et étrangers. Nous comptons déjà parmi nos clients bon
nombre de sociétés étrangères qui se sont implantées en France et qui préfèrent se décharger de la
gestion de leur parc de véhicules, tout en retenant la maîtrise de leur réseau de distribution.

Delta Transit propose à ses clients étrangers trois formules destinées à répondre à tous leurs
besoins à court ou à long terme, pour toutes sortes de marchandises, avec ou sans chauffeur, et à
toute époque de l'année.

1   Le service location courte durée

Cette formule met à la disposition du client un véhicule aux couleurs de Delta Transit (jaune et
vert) pour remplacer un véhicule immobilisé, même pour une seule journée, ou pour répondre à
une augmentation du trafic saisonnier.

2   Le service location longue durée

Cette formule met à la disposition exclusive du client un véhicule pour une période
contractuelle de douze mois ou plus. Ce véhicule, aux couleurs du client, est entretenu, réparé,
assuré (au tiers) et, le cas échéant, remplacé, sans supplément, pendant toute la durée du contrat.
L'assurance tous risques est offerte moyennant un léger supplément.

3   La location de véhicules avec chauffeur

Cette formule met à la disposition du client, qui retient toutefois la maîtrise de l'organisation
des transports (itinéraires, tournées, horaires), un conducteur expérimenté connaissant
parfaitement la région. Ce service comprend également la formation aux activités du loueur et la
fourniture des disques de tachymètre après chaque tournée.

Restant à votre disposition pour tout renseignement complémentaire, je vous prie de croire,
Monsieur, en mes sentiments dévoués.

le Service marketing
Michèle DELOFFRE

LEXIQUE

les transports routiers	*road transport*	**destiné(e) à**	*intended to, for*
comme suite à	*further to*	**répondre à**	*to meet, answer (needs)*
une demande de renseignements	*inquiry*	**à toute époque de l'année**	*at any time of the year*
adresser ci-joint	*to send herewith, enclosed*	**mettre à la disposition de qn**	*to provide sb. with (sth.)*
une plaquette de présentation	*presentation brochure*	**remplacer**	*to replace*
joindre	*to enclose, attach (in letter)*	**une augmentation**	*increase*
		saisonnier(-ière)	*seasonal*
une fiche technique	*technical data sheet*	**entretenir**	*to maintain (vehicle)*
un tarif	*price list, rates*	**assurer au tiers**	*to insure third party*
un transporteur	*carrier (of goods)*	**le cas échéant**	*if need be*
compter	*to count, number*	**une assurance tous risques**	*comprehensive insurance*
bon nombre de	*a good many*	**moyennant**	*on payment of*
s'implanter	*to set up, become established*	**un itinéraire**	*route*
		une tournée	*round*
se décharger de	*to offload, hand over*	**un horaire**	*timetable, schedule*
la gestion	*management, running*	**la formation**	*training*
retenir la maîtrise de	*to retain control of*	**un loueur**	*hirer*
un réseau	*network*	**la fourniture de**	*supplying of*
proposer	*to propose, offer*	**un disque de tachymètre**	*tachometer disk*
une formule	*formula, option*		

R E M A R Q U E S

comme suite à votre demande de renseignements (*further to your inquiry*): a set expression in commercial correspondence

ci-joint: used after a verb, **ci-joint** is invariable, that is, there is no agreement with **une plaquette**

nous joignons à cette documentation: distinguish between **joindre à** to attach to (*sth.*) and **joindre** to join, link, contact (*sb. by phone*)

de 3,5 t (3,5 tonnes): note that French uses a comma (**trois virgule cinq**) where English uses a full stop (*three point five*) and that **une tonne** is *a tonne*, that is, *a metric ton*

bon nombre de: the article **un** is not required in this expression

leur parc de véhicules: besides the meaning *park*, **parc** also means (*total*) *number, stock* or *fleet (of vehicles)*

tout en retenant: when preceded by **tout en**, the present participle gives the idea of simultaneity, at the same time

assuré au tiers: the French verb **assurer** covers both English *to assure* and, as here, *to insure*; cf. below **l'assurance tous risques**; note also that **le tiers** (*third*) here means *third party*

ce service comprend: besides meaning *to understand*, **comprendre** can mean, as here, *to include*

la fourniture (*supply, provision*): *furniture* in French is **les meubles (mpl.)**

restant à votre disposition pour tout renseignement complémentaire: another set expression used in commercial correspondence

E X E R C I C E 2   P h r a s e s - c l é s

Retrouvez ces phrases-clés dans le texte.

1 industrial vehicle hire

2 a presentation brochure

3 their distribution network

4 short-term or long-term

5 with or without driver

6 an increase in seasonal traffic

7 in the client's livery

8 for the entire duration of the contract

9 comprehensive insurance

10 on payment of a small supplement

11 an experienced driver

12 supplying tachometer disks

E X E R C I C E 3   E n t r a î n e m e n t   o r a l

Reconstituez les phrases suivantes selon le modèle.

A *Véhicules – 3,5 t – et plus → Ces véhicules pèsent 3,5 tonnes et plus.*

- Paquet – 6,3 g – de trop
- Sacs – 11,8 kg – chacun
- Camion – 2,1 t – ou plus
- Articles – presque – 41,25 kg
- Enveloppe – moins de – 20,49 g
- Appareil – plus de – 16,37 t

B *Comprendre – ½ – démonstration → J'ai compris la moitié de la démonstration.*

- Remettre – 1/3 – dossiers
- Découvrir – 1/4 – erreurs
- Recevoir – 2/3 – réponses
- Lire – 3/4 – documentation
- Revoir – 1/5 – rapports
- Expédier – 4/5 – commande

10.2 Plate-forme de distribution

Scénario

Robert Pasco, chef de distribution chez Vernay, prend contact avec le Centre de Commerce International (CCI) du Havre, qui lui a envoyé une documentation sur les possibilités d'implantation.

EXERCICE 4 Questions sur la conversation

1 Pourquoi M. Pasco téléphone-t-il au Centre de Commerce International du Havre?

2 Qu'est-ce qui l'a incité à contacter le CCI?

3 Quel est l'objectif de développement de sa société?

4 Pour quelle raison a-t-il choisi Le Havre?

5 Que pense-t-il y implanter? Pour quelle raison?

6 Recherche-t-il des locaux à louer ou un terrain à bâtir? Pourquoi?

7 Comment pourra-t-il recevoir ses marchandises au port du Havre?

8 Pourquoi Mme Lebrun lui propose-t-elle d'implanter la plate-forme dans la zone portuaire?

9 Qu'en est-il des liaisons autoroutières dans cette région?

10 Quelle est la surface des locaux qu'on propose de faire visiter à M. Pasco? Où se trouvent-ils?

LEXIQUE

une PME	small to medium-sized firm
fabriquer	to manufacture, produce
les produits laitiers	dairy produce
s'implanter	to set up, become established
avouer	to admit, confess
faire parvenir	to send, forward
pénétrer un marché	to enter a market
grâce à	thanks to, with the help of
les infrastructures routières	road transport (facilities)
étendre ses activités	to expand (one's business)
un local (pl. des locaux)	premises
louer	to rent, hire
un terrain à batir	site, building land for sale
dans un premier temps	at first, initially
à destination de	(bound) for
joindre	to reach
une autoroute	motorway
la zone portuaire	port zone, harbour area
convenir à	to suit, be convenient for
un entrepôt	warehouse
une livraison	delivery (of goods)
s'effectuer	to be carried out
sans intermédiaire	directly
un gain	saving (of time, money)
sans compter que	not to mention that
à proximité de	near, close to
un camion	lorry
les grands axes routiers	major trunk roads
disponible	available
m²: mètre(s) carré(s)	square metre(s)
en bordure de	alongside, along the edge of
rester en ligne	to hold the (telephone) line
convenir de	to agree upon

Conversation téléphonique

FL: Françoise Lebrun, *du Centre de Commerce International*	**RP: Robert Pasco,** *chef de distribution chez Vernay*

FL Allô, ici Madame Lebrun, Le Havre Promotion.

RP Bonjour, Madame. Je suis Robert Pasco, chef de distribution chez Vernay, une PME anglaise qui fabrique des produits laitiers.

FL Oui, ma secrétaire m'a dit que vous désiriez vous implanter au Havre, c'est cela?

RP Eh bien, je vous avouerai que je suis très intéressé par le port du Havre après avoir lu la documentation que le Centre de Commerce International m'a fait parvenir.

FL Il est vrai que notre dossier était plutôt épais. Que recherchez-vous exactement?

RP Nous essayons de pénétrer le marché européen. C'est une des raisons pour lesquelles j'ai choisi Le Havre. Grâce aux infrastructures routières que vous avez, il sera facile de couvrir le marché français avant d'étendre nos activités à tous les pays de l'Union européenne.

FL Vous auriez donc besoin d'une plate-forme de distribution?

RP Pour commencer, oui. Etant donné que nous sommes implantés dans le sud-ouest de l'Angleterre, Le Havre me paraît un endroit idéal.

FL Vous recherchez des locaux à louer ou un terrain à bâtir?

RP Dans un premier temps, des locaux à louer afin de tester les avantages du Havre et de son réseau de transports.

FL Il est vrai que vous pourrez recevoir vos exportations directement par le ferry à destination du Havre. Et il vous sera aussi facile de joindre la région parisienne puisque, par l'autoroute A13, vous y êtes en moins de deux heures.

RP Et je ne suis pas loin de la Bretagne non plus. Revenons donc aux locaux. Quels sites pouvez-vous m'offrir?

FL Je pense que la zone portuaire vous conviendrait mieux parce que les navires ont un accès direct aux entrepôts.

RP Dans ce cas, la livraison pourrait s'effectuer sans intermédiaire, du bateau à la plate-forme?

FL Ce serait un gain de temps et d'argent pour vous. Sans compter que le canal d'accès aux entrepôts se trouve à proximité des ponts de Tancarville et de Normandie. Vos camions de livraison se trouveraient donc tout de suite sur les grands axes routiers.

RP C'est parfait. Est-il possible de visiter quelques locaux?

FL Voyons, nous en avons deux de disponibles sur la zone portuaire. L'un fait 800 mètres carrés et l'autre 1 000 mètres carrés.

RP Cela me conviendrait tout à fait. Ils sont en bordure du canal?

FL Oui. Eh bien, si vous voulez bien rester en ligne, je vous passe ma secrétaire pour convenir d'un rendez-vous. Au revoir, Monsieur Pasco, et à bientôt, j'espère.

RP Au revoir, Madame Lebrun, je vous remercie de votre aide.

REMARQUES

une PME: from **les petites et moyennes entreprises** (*small and medium-sized enterprises*)

ma secrétaire m'a dit que vous désiriez: French prefers to observe the sequence of tenses, here the perfect followed by the imperfect (not the present)

au Havre: the name of the town is **Le Havre**; *to/in Le Havre* thus becomes **au Havre**, and *of/from Le Havre* becomes **du Havre**

après avoir lu (*after having read, after reading*): note that the preposition **après** is followed by the infinitive of the auxiliary **avoir**

m'a fait parvenir (lit. *has made to reach me*): **faire parvenir** is a common expression for *to send, forward*; note that **documentation** is the direct object of **parvenir**, and that **m(e)** is the indirect object of **faire**

une des raisons pour lesquelles (*one of the reasons why*): note that **lesquelles** agrees with **raisons** and not **une**

avant d'étendre (*before expanding*): the preposition **de** is followed by the infinitive; cf. above **après avoir lu**

joindre: here *to reach*; other meanings include *to enclose, attach; to link, join*

l'autoroute A13: the motorway running from Le Havre to Paris

vous conviendrait mieux (*would suit you better*): distinguish between **convenir** *to admit*, **convenir à** *to suit* and **convenir de** *to agree on (date, price)*; cf. below **convenir d'un rendez-vous**

un gain de temps et d'argent: note that **gain** here means *saving*; other meanings include *gain* and *earnings*

les ponts de Tancarville et de Normandie: two important bridges crossing the Seine a few miles upstream from Le Havre

les grands axes routiers: while **un axe** is here *a major trunk road*, it can also mean *a main line (of plan, communication)*; *an axe* in French is **une hache**

visiter quelques locaux: note that **visiter** here means *to visit, inspect*, while *to visit a person* is **aller voir, rendre visite à qn**

je vous passe ma secrétaire: lit. *I to you pass my secretary* rather than *I put you through to my secretary*

EXERCICE 5   Entraînement grammatical

Traduisez en français les phrases suivantes selon le modèle.

A *C'est une des raisons pour lesquelles j'ai choisi Le Havre.*

- It's one of the stations which you are allowed to park in front of.
- It's one of the boards which she has posted the results on.
- It's one of the workshops where there aren't any ventilators.
- It's one of the routes by which I've forwarded our goods.
- It's one of the machines which it would be impossible to work without.
- It's one of the bags which we'll put the flour in.

B *Elle m'a dit que vous vouliez vous implanter au Havre.*

- He told her that you were thinking of hiring two lorries.
- We informed you that she was leaving the next day.
- She let us know that they were refusing this offer.
- They pointed out to me that he was asking for the invoice.
- Did you notify him that we were offering two sites?
- I indicated to them that I was looking for the port area.

10.3 Location de camions

Scénario

Suite à la reconstitution de sa plate-forme de distribution
au Havre, Robert Pasco prend rendez-vous avec Michèle Deloffre
de Delta Transit, entreprise de location de véhicules.

EXERCICE 6   Questions sur les discussions

1 De quel projet M. Pasco est-il venu discuter avec Mme Deloffre?

2 De quelle infrastructure dispose-t-il déjà en France?

3 Quel problème cela lui pose-t-il?

4 Quels sont les deux points soulevés par Mme Deloffre concernant la distribution des produits de Vernay?

5 La société Vernay a-t-elle des projets d'expansion en France?

6 Quels seront les délais de livraison?

7 Quels avantages l'entreprise Delta Transit peut-elle procurer à M. Pasco?

8 Pourquoi M. Pasco préfère-t-il utiliser ses propres chauffeurs?

9 Quel serait l'intérêt d'un contrat modifiable pour Vernay?

10 Résumez le circuit de distribution proposé.

LEXIQUE

disposer de	to have, possess
périssable	perishable goods
frigorifique	refrigerated (lorry)
les flux de transport	transport schedule
livrer	to deliver
au début	at first, to begin with
une épicerie	grocer's (shop)
à travers	through, across
l'important est que	what is important is that
une couverture	cover, coverage
par la suite	afterwards, subsequently
la demande	demand (for goods)
s'accroître	to increase
les moyens de production	production facilities
effectuer une tournée	to carry out a round
un délai de livraison	delivery time
les denrées (fpl.)	food, foodstuffs
charger	to load (goods)
faisable	feasible
avoir l'assurance que	to be sure, confident that
tomber en panne	to break down
fournir	to provide, supply
respecter	to meet (a deadline)
convaincre	to convince
(pp. convaincu)	
une échelle	scale, level
fiable	reliable, dependable
un livreur	delivery man
modifiable	modifiable, flexible
consacrer à	to give, devote (time) to
faire appel à	to call upon
regrouper	to group together
établir un devis	to draw up an estimate

REMARQUES

moi de même: *me too, me as well, so am I*

à propos de: distinguish between **à propos de** (*about, concerning*), **à propos** (*by the way*) and **à ce propos** (*in this connection*)

vous disposez: while **disposer de** means *to have (at one's disposal)*, *to dispose of* is usually rendered in French as **se débarrasser de, détruire, jeter**

il vous faudra (lit. *it will be necessary to you*, that is, *you will need*): cf. below **il vous faudrait** (*you would need*)

nous ayons: the subjunctive (here of **avoir**) is used after **l'important est que**

les délais de livraison (*delivery times*): note that **un délai** is the time it takes to do something; *a delay* in French is **un retard**

les produits soient livrés: the subjunctive (here of **être**) is used after **de manière à ce que**

vous avez l'assurance que: note that **assurance** here means *assurance, certainty*; cf. **l'assurance tous risques** where it means *insurance*

de manière à respecter: the infinitive is used after **de manière à** as opposed to the subjunctive used after **de manière à ce que**

à notre échelle (*on our scale*): **une échelle** also means *a ladder*

je vous l'envoie: note the use of the present tense for a future action *I'll send it to you*

dès aujourd'hui (*today*): more exactly *from today, as of today*

Discussions au CCI

RP: **Robert Pasco,** *chef de distribution chez Vernay* **MD:** **Michèle Deloffre,** *du service marketing à Delta Transit*

RP Enchanté de faire votre connaissance, Madame Deloffre.

MD Moi de même, Monsieur Pasco. Vous êtes venu nous consulter à propos de vos projets d'expansion, n'est-ce pas?

RP Précisément. Nous avons l'intention d'exporter une partie de notre production en France. Il s'agit dans un premier temps de produits laitiers: fromages, yaourts, glaces.

MD Vous disposez déjà d'une plate-forme de distribution au Havre, si je comprends bien?

RP Oui, dans la zone portuaire. En fait, j'hésite encore entre la location et l'investissement pour le parc de véhicules.

MD Vous savez, comme vous allez exporter des produits périssables, il vous faudra des camions frigorifiques. Ensuite, l'organisation des flux de transport dépendra des quantités à livrer.

RP C'est vrai, au début nous ne pensons exporter que de petites quantités dans plusieurs grandes épiceries et quelques supermarchés à travers la Normandie et la Bretagne. L'important est que nous ayons une bonne couverture de la région. Si par la suite la demande s'accroît, nous installerons nos propres moyens de production en France.

MD Il vous faudrait donc des petits camions frigorifiques qui effectueraient une à deux tournées par jour. Pouvez-vous me préciser les délais de livraison?

RP Alors, les denrées chargées le soir sur le ferry doivent arriver avant cinq heures du matin au Havre. Les flux de transport devront ensuite être organisés de manière à ce que les produits soient livrés dans la journée, ou le lendemain matin au plus tard.

MD C'est tout à fait faisable. De plus, vous avez l'assurance que si un camion tombe en panne, nous vous en fournissons un autre immédiatement, de manière à respecter vos délais de livraison.

RP Vous m'avez convaincu, Madame. Je vois que la location, à notre échelle, serait plus fiable et plus économique que l'achat de camions. Cependant, nous aimerions avoir nos propres chauffeurs parce que, pour nos produits en particulier, le premier vendeur c'est le livreur!

MD C'est justement la raison pour laquelle nous proposons des contrats modifiables. Si vous désirez par la suite consacrer plus d'argent à la production, vous pourrez faire appel à nos chauffeurs.

RP Ce serait en effet très pratique. Donc, si je résume: une fois les denrées arrivées à notre plate-forme, nous les regroupons selon les destinations. Vous les chargez dans les camions frigorifiques qui effectuent ensuite leurs tournées. Bien, pourriez-vous m'établir un devis, Madame?

MD Je vous l'envoie dès aujourd'hui, Monsieur.

EXERCICE 7   Entraînement grammatical

Traduisez en français les phrases suivantes selon le modèle.

A *Il vous faudra des camions frigorifiques.*

- We'll need our own production facilities.
- I needed a distribution centre.
- She would need a flexible contract.
- They need direct access to the warehouses.
- You would need a fleet of industrial vehicles.
- He needed his own drivers.

B *de manière à ce que les produits soient livrés*

- so that the delivery times are respected
- so that you organize your delivery rounds
- so that another lorry is provided
- so that she draws up an estimate
- so that the products are loaded
- so that I call upon their drivers

10.4 Contrat de location

Traduisez en anglais la documentation ci-dessous.

COMPTER SUR NOUS: DIX SUR DIX

La solution *Tout Terrain* à vos besoins de location en longue durée se résume en dix points.

1	Conseil sur le choix de votre parc de véhicules	❏
2	Carrosserie à vos couleurs	❏
3	Formation des chauffeurs	❏
4	Formalités administratives	❏
5	Assurances et gestion des sinistres	❏
6	Visites régulières d'inspection	❏
7	Réparations et remplacements d'organes	❏
8	Dépannage rapide dans toute la France, la Belgique et la Suisse	❏
9	Mise à disposition de véhicules relais en cas d'immobilisation prolongée	❏
10	Mise à disposition de véhicules supplémentaires en courte durée	❏

Si vous avez coché cinq cases ou plus, n'hésitez pas à contacter Tout Terrain dès aujourd'hui. Nous vous offrons en plus, dans votre contrat **Dix sur Dix**, toutes les options que vous n'avez pas choisies, et ce au même tarif et avec les mêmes garanties.

Que vous soyez chef de transport ou directeur financier, PME ou grande entreprise, bien établi en France ou nouveau venu dans l'Hexagone, vous trouverez chez Tout Terrain une solution souple et professionnelle à tous vos besoins en matière de gestion de véhicules industriels.

L E X I Q U E

compter sur	to count on, rely on	**un organe**	part (of vehicle)
dix sur dix	ten out of ten	**un dépannage**	breakdown service
se résumer	to be summed up	**une mise à disposition**	provision, availability
un conseil	(piece of) advice	**un relais**	relay, relief
une carrosserie	body (of vehicle), coachwork	**en cas d'immobilisation**	if the vehicle is out of service
la formation	training	**en courte durée**	short term
administratif(-ive)	administrative, official	**cocher une case**	to tick a box
l'assurance (f.)	insurance	**que vous soyez**	whether you are
la gestion	administration, handling	**bien établi(e)**	well established
un sinistre	accident	**en matière de**	as regards

Traduisez en français la lettre ci-dessous.

RADLEY FOOTWEAR

Dear Sirs,

The Radley Company manufactures and distributes shoes in several European countries, and in particular in France. We are planning to set up a distribution centre in Dunkirk in the near future, and other British firms have convinced us that you offer very flexible services.

After studying the documentation which you forwarded to us, we have decided to use your services in order to distribute our products in northern France, Belgium and Holland.

We usually supply our customers the last week of every month. We shall therefore need two vehicles for five days at the end of the month, and will inform you of the capacity of the vehicles to be used according to the size of our orders. If there are any unforeseen increases in the deliveries, you should be able to provide us with additional vehicles.

Furthermore, we would rather that you take over responsibility for the drivers. As you have an agency in Dunkirk, it will be easy for your employees to reach us quickly.

We should be grateful if you would kindly forward us your estimate and conditions of payment. One of our representatives will very shortly get in touch with you to arrange a meeting in France.

Looking forward to hearing from you,

Yours faithfully,

James Mercer

Distribution Manager

LEXIQUE PROPOSE

un avenir proche	livrer les clients
la capacité	prendre contact avec qn
en fin de mois	prendre l'habitude de
en fonction de	rejoindre qn
une grande flexibilité	reprendre qch./qn en charge
imprévu(e)	les termes de paiement

ASSIGNMENT NO. 10

Projets d'expansion

Situation

You are employed in the export department of Raddon Farmhouse Products which is seeking to expand its markets in France. You have been given responsibility for this expansion as outlined in the attached memorandum received from the head of your distribution operations in Brittany.

Task 1
Letter in French

Write a letter to the hire company indicating the changes which you wish to make to your contract, and asking for a detailed estimate as soon as possible; inform them of your next visit to Brittany during which you would like to meet their agent.

Task 2
Telephone conversation in pairs

Contact the Chamber of Commerce and Industry in Boulogne by telephone in order to inquire about suitable sites for a new distribution centre. Underline the need for access to the port and the main rail and road communications, and ask if there are any special facilities for foreign companies.

Task 3
Business discussion in pairs

You now arrive in France to discuss the new contract with the hire company. Your talks cover the type of vehicle, nature and size of orders, duration of contract, breakdown and replacement guarantees, your company's livery and detailed instructions for the new drivers.

Task 4
Internal Memo in English

Draft a memo for your Head of Section laying out all the arrangements made concerning the sites available for a new distribution centre and the new contract with the hire company, and

pointing out the advantages and any disadvantages of these proposals.

NB Invent all details as required: names, addresses, dates, locations, routes, etc.

LEXIQUE

assurer	to provide, maintain
renouveler	to renew
effectuer	to carry out
une modification	change, alteration
relatif(-ive) à	concerned with, relating to
un accroissement	growth, increase
accroître	to increase, add to
le jambon fumé	smoked ham
élargir	to widen
le territoire	territory, i.e. France
un trajet	journey, distance
s'occuper de	to deal with, take care of
un salaire	salary, wage
un règlement	rule, regulation
reprendre en charge	to take over responsibility for
renforcer	to strengthen
une image de marque	brand image
profiter de	to take advantage of
désormais	in future, henceforth

NOTE DE SERVICE
Objet: Renouvellement du contrat

L'entreprise Pierre Domenach assure le transport et la distribution de nos produits en Bretagne depuis bientôt douze mois, et nous avons été entièrement satisfaits de leurs services.

Etant donné nos projets d'expansion, nous devons penser à renouveler notre contrat en y effectuant quelques modifications relatives à l'accroissement de nos ventes en France.

Nos nouveaux objectifs sont les suivants:

– accroître la gamme de produits exportés: fruits, cidre, jambon fumé;

– élargir le marché afin de couvrir le territoire entier;

– créer une deuxième plate-forme à Reims afin de mieux servir l'Est du pays.

Nous aurons ainsi besoin de plus de véhicules devant effectuer de plus longs trajets et ceci sur une période pouvant aller de 1 à 2 ans. Afin de ne plus avoir à nous occuper des salaires, des assurances et des règlements administratifs, nous préférons que l'agence de location reprenne en charge les chauffeurs.

Cette nouvelle organisation nécessitera donc:

– un camion de Boulogne à Reims;

– la formation des chauffeurs de Pierre Domenach à nos activités;

– l'utilisation de camions à nos couleurs pour renforcer notre image de marque puisque nous profiterons désormais du service longue durée.